# Mein Veggie-Kochbuch

## Vegetarische Rezepte für Einsteiger

Rezepte und Gestaltung: Audrey Cosson
Fotos: Virginie Garnier

h.f.ullmann

# Inhalt

Vegetarier werden — 8

Unentbehrliche Zutaten — 11

Richtig einkaufen — 12

Obst und Gemüse — 15

Cerealien, Pasta und Reis — 17

Hülsenfrüchte, frisch & getrocknet — 19

Samen und Schalenobst — 21

Milchprodukte und Eier — 23

Öle und Fette — 25

Fleischersatz: Tofu & Co. — 27

Sprossen und Keimlinge ziehen — 28

Mus aus Schalenobst herstellen — 30

Vegane Milch zubereiten — 32

Das perfekte Frühstück — 34

Das perfekte Mittagessen — 36

Das perfekte Abendessen — 39

## Frühstück

Vanillepfannkuchen mit
Haselnüssen und roten Beeren — 42

Pfannkuchen mit Ricotta — 43

Knuspermüsli mit
Cranberries und Kardamom — 47

Quinoa-Porridge
mit Kürbiskernen — 48

Chia fresca mit Ingwer — 51

Beeren-Bananen-Smoothie
mit Buchweizenflocken — 51

## Vorspeisen

Gemüse-Tempura
mit Essig-Sojasauce — 52

Rote-Bete-Salat mit
Himbeeren und Perlgraupen — 54

Getrüffelte Maiscreme — 56

Tomaten-Zucchini-
Buchweizen-Auflauf — 59

Schneller Gemüsesalat
mit gerösteten Kernen — 60

Fetteh — 62

Maronen-Apfel-Creme
mit Krokant aus Kürbiskernen — 64

Krokant aus Erdnüssen — 65

Krokant aus Sesamsamen — 65

Fenchel-Salat
mit weißen Bohnen — 68

Udon-Nudeln
in Zitronengras-Bouillon 70
Erbsenpudding mit Saubohnen 72
Zucchinipudding mit Seidentofu 73
Kokosnusssuppe
mit Thai-Ingwer und Tempeh 76
Linsensalat
mit bittersüßem Rotkohl 78
Ziegenkäsetaler mit Sesam
und Leinsamen auf Salat 80
Quinoa-Minestrone
mit Nuss-Petersilien-Pesto,
Hokkaido und Grünkohl 83
Tofu-Bratlinge mit Spinat und
Quinoa an Tomatenconfit 84

# Hauptgerichte

Blumenkohl-Pizza
mit Ricotta und Feigen 86
Belag-Variationen
für Blumenkohl-Pizza 87
Kleine Kürbisse gefüllt
mit rotem Camargue-Reis 91
Hausgemachte Ravioli
mit Mohn und Tomaten 92
Tarte Tatin
aus Möhren und Thymian 94
Blumenkohl-Taboulé 95
Gegrillter Blumenkohl
mit Kräutergrieß 98
Feine Polentatorte
mit Waldpilzen 101
Dinkel-Risotto mit Erbsen 102
Falafel aus Feuerbohnen
mit Taboulé Libanais 104

Dal aus grünen Erbsen
mit gelbem Curry 106
Tomaten-Quiche mit Chiasamen 109
Mozzarella-Zucchini-Auflauf
mit Parmesanstreusel 110
Frittata
mit Broccoli und Romanesco 112
Auberginen
mit Frischkäse und Granatapfel 114
Salat aus geräuchertem Tofu
mit aromatisierten Möhren 116
Variationen vom Salat
aus geräuchertem Tofu 117
Grünkohl aus dem Wok
mit Tofu und Curry 120
Butternusskürbis-Tajine mit
Kichererbsen, Feigen und Seitan 122
Auberginensalat mit Honig,
Limone und Mandel-Gremolata 124

# Desserts

Käsekuchen mit Himbeeren 127
Süßer Couscous
mit Erdbeeren und Rhabarber 128
Marmorierter Tahin-Brownie 130
Ein Brownie, drei Varianten! 131
Karamellisierte Äpfel
mit Pistazienstreusel 135
Erdbeertörtchen mit Pistazien 136
Matcha-Panna cotta
mit Passionsfrucht 138
Saftige Muffins
mit Cranberries und Chia 140

# Vegetarier werden

**Die Menschen entscheiden sich** aus den verschiedensten Motiven dafür, vegetarisch zu leben: Weil sie einfach Lust dazu haben oder aus religiösen, kulturellen, aber auch aus gesundheitlichen Gründen oder aufgrund ethischer oder ökologischer Überzeugungen. Alle stehen schließlich vor derselben Frage: Was kann ich kaufen und was darf ich essen?

Falls Sie beschlossen haben, sich künftig vegetarisch zu ernähren, ob nur an einem Tag in der Woche oder generell, dann ist dies genau Ihr Buch. Ich selbst bin keine Vegetarierin, würde mich aber auch nicht als »Fleischfresserin« bezeichnen. Ich liebe Fisch und Meeresfrüchte, war jedoch nie eine große Fleischliebhaberin. So ist es ganz normal, dass Fleisch und Fisch bei mir nicht täglich auf den Tisch kommen und auch kein Wunder, dass meine Küche tendenziell vegetarisch geworden ist. Es ist also keine Puristin, die Ihnen, ebenso wie Ihren Gästen, hier **ihre kleinen Geheimnisse verrät: köstliche Rezepte ohne Fleisch und Fisch, die auch von Anfängern leicht zuzubereiten sind.**

Die vegetarische Küche ist jedoch nicht alleine eine Küche ohne Fleisch und Fisch. Sie ist im

Wesentlichen eine Küche der Pflanzen (auch der Pilze) und der Produkte tierischen Ursprungs wie Milch, Milcherzeugnissen, Eiern und Honig. **Diese Nahrungsmittel verfügen über alle notwendigen Proteine, Vitamine, Mineralien und Ballaststoffe für eine ausgewogene Ernährung.** Ich definiere die vegetarische Küche also nicht hinsichtlich der Nahrungsmittel, die sie ausschließt, sondern durch jene, die **erlaubt sind und die es zu entdecken gilt.**

Weichen Sie beim Einkaufen doch mal von Ihren liebgewonnenen Gewohnheiten ab und lassen Sie sich auf ein Abenteuer ein: Entdecken

Sie Lebensmittel, die Ihnen bisher unbekannt waren! Zögern Sie nicht, diese zu kosten und auf die unterschiedlichsten Arten zuzubereiten. So können Sie den ganzen kulinarischen Reichtum der vegetarischen Küche erleben.

Dieses Buch erklärt, wie Sie ohne Fleisch und Fisch die leckersten Gerichte zubereiten können – **mit Liebe, auf Gourmetniveau und mit viel Fantasie.** Wenn Sie sich erst einmal etwas Übung haben, werden Sie bald kreativ improvisieren und Ihre eigenen Gerichte zaubern – wie es Ihnen gefällt und mit den Zutaten, die Sie lieben.

# Unentbehrliche Zutaten

Vegetarische Ernährung hat also nichts mit Entbehrung zu tun, sondern, ganz im Gegenteil, mit einer **Fülle neuer Lebensmittel, die eine ungeahnte Bereicherung darstellen.**

Einige Rezepte in diesem Buch sind von den Küchen der Welt inspiriert. Kein Wunder, wenn man bedenkt, dass ein großer Teil der Menschheit vegetarisch lebt. Indien und Italien etwa sind unerschöpfliche Quelle für wunderbare vegetarische Gerichte, die häufig auch ganz einfach zuzubereiten sind und von denen man sich für seine täglichen Mahlzeiten inspirieren lassen kann. Wenn Sie vegetarisch kochen, wird es bei Ihren Speisen ganz häufig um Fragen unterschiedlicher oder gar komplementärer Geschmacksrichtungen gehen, aber auch darum, ob die enthaltenen Nährstoffe ausreichend sind – denn jetzt ist Schluss mit traditionellen Fleisch- oder Fischgerichten.

Nachdem Fleisch und Fisch im Allgemeinen unsere wichtigsten Lieferanten für die lebenswichtigen Proteine sind, ist es unerlässlich, diese durch andere, proteinhaltige Lebensmittel zu ersetzen, sobald man sich vegetarisch ernährt. Zu den wichtigsten vegetarischen Proteinlieferanten gehören natürlich zuallererst **Eier und Milchprodukte,** aber auch **Getreide, Getreideprodukte, Trockenobst und Hülsenfrüchte.** Sie enthalten sowohl Ballaststoffe als auch zahlreiche Vitamine, Mineralstoffe und teilweise komplexe Kohlenhydra-

te, deren Rolle für eine gesunde Ernährung von fundamentaler Bedeutung ist. Es ist also wichtig, dass Sie ausreichend Getreide, Getreideprodukte oder Hülsenfrüchte zu sich nehmen, um Ihren täglichen Nährstoffbedarf zu decken, ganz abgesehen davon, dass sie satt machen und schmecken.

Die **Vielzahl an Mehlen, Ölen und pflanzlichen Fetten,** mit ihren unterschiedlichen Nährwerten und Geschmacksrichtungen, erlaubt es Ihnen, Ihre Speisen so zuzubereiten, wie sie Ihnen am besten schmecken.

Nicht zu vergessen sind **Fleischersatzprodukte** wie Tofu, Thempeh und Seitan. Sie sind ebenso reich an Proteinen wie Fleisch oder Fisch. Und auch wenn diese Produkte auf den ersten Blick vielleicht etwas gewöhnungsbedürftig sind: Probieren Sie Tofu und Co. und lassen Sie sich von deren Wandlungsfähigkeit überraschen. Ob mariniert, gegrillt oder mit einer Sauce – nach weinigen Kostproben werden Sie diesen Fleischersatz zweifellos lieben.

**Obst und Gemüse** haben bei der vegetarischen Ernährung die größte Bedeutung, was Vegetarier auch für deren Herkunft, Anbauweise und Beschaffenheit sensibilisiert.

Schließlich sind noch die **Kräuter und Gewürze** zu nennen, mit denen Sie Ihren Gerichten den letzten Pfiff geben können. Nebenbei sind sie so gesund, dass man Sie durchaus großzügig einsetzen sollte. Nur Mut: Improvisieren Sie und probieren Sie Neues aus, um Ihre Geschmacksnerven zu überraschen!

# Richtig einkaufen

Wer sich vegetarisch ernährt, der kauft zwangsläufig auch anders ein, denn es ist nicht immer einfach, Seitan oder Chiasamen im Supermarkt um die Ecke aufzutreiben.

Betrachten Sie zunächst einmal das Reformkost-Regal im Supermarkt und Sie werden von der Vielfalt der angebotenen Produkte überrascht sein: Quinoa, unterschiedlichste Hülsenfrüchte und Vollkornmehle, Vollkornnudeln und Naturreis, Gemüsepasteten ... Aber auch in den ganz normalen Supermarktregalen findet man immer mehr Nahrungsmittel mit der Bezeichnung »bio« sowie Reformprodukte zu moderaten Preisen.

Im Bioladen und Biosupermarkt werden Sie viele Produkte finden, die in diesem Buch verwendet werden. Auch wenn die Preise generell ein wenig höher sind als im klassischen Supermarkt, so ist das Warenangebot sehr vielfältig, was Ihnen erlaubt, neue, Ihnen bisher unbekannte Produkte zu entdecken. Trockenobst, Getreide, Getreideprodukte und Hülsenfrüchte etwa werden häufig nach Gewicht verkauft – eine perfekte Gelegenheit, um sie zu probieren. Auch an der Frischetheke ist die Auswahl groß und reicht von Milchprodukten über Sprossen und Keimlinge bis zu Fleischersatz ..., nicht zu vergessen die zahllosen Mehlsorten. Hier also bekommen Vegetarier und

andere Menschen, die sich bewusst ernähren, ihre Lebensmittel. Im Internet finden Sie zudem Webshops für sämtliche Produkte, die Sie bestellen und sich liefern lassen können.

Achten Sie außerdem darauf, möglichst frische **Produkte zu kaufen, die aus der Region stammen und Saison haben.** Das ist nicht nur wegen des besseren Geschmacks von Bedeutung, sondern auch, weil Sie dadurch die Umwelt und Ihren Geldbeutel schonen. Frische Ware bekommen Sie natürlich auf dem traditionellen Wochenmarkt, wo Sie von Stand zu Stand gehen und das schönste Obst und Gemüse auswählen können. Außerdem finden Sie im

Internet Lieferanten von frischen landwirtschaftlichen Produkten aus Ihrer Region: neben Obst und Gemüse auch Honig, Eier, Käse, Marmeladen, Fonds usw. Eine wirtschaftliche Lösung für die Konsumenten und für die Produzenten, die so den Absatz ihrer Produktion sicherstellen können.

Glück hat, wer einen Garten besitzt und sein eigenes Obst und Gemüse anbauen kann. Doch selbst auf einem kleinen Balkon können Sie durchaus aromatische Pflanzen ziehen. Nichts schmeckt besser als frisches Gemüse direkt aus dem Garten oder frisch geschnittene Kräuter von der Fensterbank!

# Obst und Gemüse

Obst, Gemüse, frische Kräuter und Gewürze bilden die Grundlage der vegetarischen Ernährung. Wählen Sie immer ganz frische Bioware aus der Region und entsprechend der Saison, dann bekommen Sie das volle Geschmackserlebnis. Es folgt ein kleiner Saisonkalender, der keinen Anspruch auf Vollständigkeit erhebt, aber ein ganz gute Orientierung bietet.

### Frühjahr

Artischocken, Blattsalat, Blumenkohl, Fenchel, grüne Bohnen, Kartoffeln, Kresse, Lauch, Mangold, Möhren, Portulak, Radieschen, Rauke, Rüben, Saubohnen, Spargel, Spinat …

Aprikosen, Erdbeeren, Himbeeren, Kirschen, Mandeln, Orangen, Rhabarber, Zitronen …

### Sommer

Auberginen, Brokkoli, Fenchel, Gurken, Kartoffeln, Kürbis, Mais, Mangold, Möhren, Paprika, Rauke, Rote Bete, Tomaten, Zucchini …

Aprikosen, Brombeeren, Feigen, Johannisbeeren, Melonen, Mirabellen, Nektarinen, Pfirsiche, Pflaumen, Trauben, Zitronen …

### Herbst

Brokkoli, Chicorée, Feldsalat, Kohl, Kürbis, Möhren, Pastinaken, Radicchio, Rote Bete, Sellerie, Süßkartoffeln, Topinambur …

Äpfel, Birnen, Clementinen, Datteln, Esskastanien, Grapefruits, Haselnüsse, Kiwis, Mandarinen, Orangen, Quitten, Trauben, Walnüsse …

### Winter

Blattsalat, Chicorée, Crady, Friseesalat, Kartoffeln, Kohl, Kohlrüben, Kürbis, Möhren, Pastinaken, Rote Bete, Schwarzwurzeln, Sellerie …

Äpfel, Birnen, exotische Früchte, Grapefruits, Nüsse, Klementinen, Orangen, Zitronen …

Gerösteter Buchweizen (Kasha)

Gemischter Reis
(braun, weiß und schwarz)

Haferflocken

Hartweizennudeln

Vollkornnudeln

Hirse

Quinoa (rote)

Perlgraupen

# Cerealien, Pasta und Reis

Als Grundnahrungsmittel liefern Pasta, Cerealien und Reis in der normalen und ganz besonders in der vegetarischen Ernährung pflanzliche Proteine in nicht unerheblicher Menge. Sie gehören also zu jeder Mahlzeit. Um Abwechslung auf Ihren Speiseplan zu bringen, sollten Sie die ganze Vielfalt kosten, die diese Nahrungsmittel zu bieten haben.

– Probieren Sie neben **Vollkornpasta** und Weizennudeln auch Dinkelvollkorn-, Reis-, Kamut- und Quinoanudeln ...

– Lassen Sie sich die verschiedenen **Reissorten** schmecken, wie etwa Arborio- oder Basmati-Reis, weißen und braunen Langkornreis oder Wildreis ...

– Die Familie der **Cerealien** ist so groß wie variantenreich. Probieren Sie Amarant, Buchweizen (geschält), Bulgur, Dinkel, Einkorn, Gerste (Perlgraupen, Gerstenflocken), Hafer, Hartweizen, Hirse, Kamut (Khorasan-Weizen), Kasha (gerösteter Buchweizen), Quinoa (rote, weiße), Roggen, Weichweizen ...

Linsen (Berglinsen)

Rote Linsen

Erbsen

Mungobohnen

Linsensuppen-Mischung

Borlotti-Bohnen

Grüne Schälerbsen

Kichererbsen

# Hülsenfrüchte frisch & getrocknet

**Hülsenfrüchte** jeglicher Art gehören zu unseren **wichtigsten Proteinquellen**. Um sicherzustellen, dass man ausreichend mit Proteinen versorgt wird, ist es für Vegetarier deshalb wichtig, neben Getreide auch Hülsenfrüchte in den Speiseplan zu integrieren. Sie sind außerdem reich an Mineralien und Vitaminen, gleichzeitig aber fettarm und verfügen über einen niedrigen glykämischen Index.

Die Liste der Hülsenfrüchte ist lang. Hier eine Auswahl: grüne und weiße Bohnen, Edamame-Bohnen, Erbsen (ganz und halbiert) Fenugrec (Bockshornklee), Feuerbohnen, Kichererbsen, rote und schwarze Kidneybohnen, Linsen (rote, grüne, braune), Mungobohnen, Saubohnen, Zuckerschoten …

Die Zubereitung getrockneter Hülsenfrüchte erfordert ein wenig Vorbereitung, denn häufig müssen sie vor der Verarbeitung eingeweicht werden. Sie können jedoch größere Mengen garen und Reste für die spätere Verwendung gut im Kühlschrank aufbewahren. Auf diese Weise haben Sie immer eine Basiszutat für leckere Gerichte parat.

Pinienkerne

Walnüsse

Haselnüsse

Chia

Sesam

Kürbiskerne

Pekannüsse

Pistazien

Hanfsamen

Mandeln

Leinsamen

Cashewnüsse

# Samen und Schalenobst

**Samen und Schalenobst** sind besonders reich an hochwertigem pflanzlichen Eiweiß, Ballaststoffen, Mineralien und Vitaminen und enthalten zudem gesunde ungesättigte Fettsäuren. Mit ihnen kann man wunderbar Gerichte verfeinern, weil sie Aromen und knackigen Biss beisteuern. Zögern Sie also nicht, Ihre Speisen damit zu bestreuen. Leicht angeröstet geben sie übrigens noch mehr Aromen frei. Außerdem kann man aus Samen und Schalenobst köstliche Pasten herstellen (etwa Tahin bzw. Sesammus) oder vegane Milch (etwa Mandelmilch), die vielen Rezepten Raffinesse verleihen.

Die Auswahl ist riesig: Cashew-, Macadamia-, Para- und Pekannüsse, Chiasamen, Hasel-, Erd- und Walnüsse, Kürbiskerne, Leinsamen, Mandeln, Mohnsamen, Pinienkerne, Pistazien, Sesam, Sonnenblumenkerne ...

Kuhmilch

Sojamilch

Mandelmilch

Frischkäse aus
Schafsmilch

Eier

Kokosnussmilch

Butter

# Milchprodukte und Eier

**Milchprodukte und Eier** sind wichtige Proteinquellen für Vegetarier. Dazu gehören beispielsweise Kuh- und Ziegenmilch, Käse und Eier, ebenso ihre Erzeugnisse wie Butter, Crème fraîche, Mascarpone, Sahne usw.

Der überwiegende Teil aller **Käsesorten** wird aus tierischer Milch (Kuh, Schaf, Ziege) hergestellt. Doch wird inzwischen auch vegetarischer Käse auf dem Markt angeboten. Studieren Sie die Etiketten auf den Verpackungen aufmerksam oder fragen Sie an der Käsetheke nach vegetarischen Produkten.

An dieser Stelle muss natürlich die **vegane Milch** erwähnt werden, eine Spezialität, die nicht aus der Molkerei kommt. Hergestellt aus Nüssen, Soja, Cerealien oder Kokosnussmilch enthält sie weder Kasein, Laktose noch Cholesterin, ist dafür aber reich an Vitaminen und Mineralien. Es gibt beispielsweise Soja-, Mandel-, Hafer- und Kokosnussmilch. Sie können vegane Milch auch ganz einfach selbst zubereiten (siehe Rezept Seite 32).

Nussöl

Rapsöl

Avocadoöl

Sonnenblumenöl

Olivenöl

Kürbiskernöl

# Öle und Fette

**Öle** sind für unsere Ernährung unentbehrlich. Die pflanzlichen Öle haben noch dazu einen großen Vorteil, weil sie neben den notwendigen Fettsäuren reich an den mehrfach ungesättigten Fettsäuren sind, die unter anderem für einen gesunden Cholesterinspiegel sorgen.

Indem Sie die verschiedensten Öle verwenden, können Sie Abwechslung in Ihre Speisen bringen. Sie werden schnell feststellen, dass die Auswahl an Ölen für Ihre Salatdressings schier endlos ist: Avocado-, Haselnuss-, Kokosnuss-, Oliven-, Raps-, Sesam-, Sonnenblumen-, Traubenkern-, Walnussöl ... Im Reformhaus oder im Biosupermarkt werden Sie eine noch größere Vielfalt an Ölen vorfinden.

Tofu

Seitan

Geräucherter
Tofu

Seidentofu

Tempeh

# Fleischersatz: Tofu & Co.

Unter **Fleischersatz** versteht man Lebensmittel für Vegetarier, deren Nährwert dem von Fleisch sehr nahe kommt und die dadurch eine gesunde Alternative darstellen.

**Tofu** (Bohnenquark) wird aus weißem Sojabohnenteig hergestellt. Er ist reich an Proteinen, Eisen, Kalzium und Vitamin B. Da sein Geschmack eher neutral ist, wird er vor dem Kochen oder Braten meist mariniert. Je nach Herstellungsart werden verschieden Sorten angeboten, etwa naturbelassener, gewürzter oder geräuchert Tofu oder auch sogenannter Seidentofu, der sich für Süßspeisen eignet.

**Tempeh** ist ein Fleischersatz aus fermentierten Soja- bzw. Speisebohnen und ist ebenfalls eine wertvolle Proteinquelle. Er wird in Würfel- oder Rollenform und naturbelassen oder geräuchert gehandelt.

**Seitan** dagegen wird aus Weizeneiweiß (Gluten) hergestellt. Da Seitan eher weich ist, wird er meist in Scheiben oder gehackt verkauft.

# Do it yourself
# Sprossen und Keimlinge ziehen

Sprossen enthalten viele lebenswichtige Vitalstoffe. Die Nährstoffe ihrer Keimlinge können vom menschlichen Organismus besonders gut aufgenommen werden. Das folgende Verfahren funktioniert mit Samen, Getreide und Schalenobst. So können Sie zum Beispiel folgende Sorten keimen lassen: Gemüse (Alfalfa, Kresse, Lauch, Radieschen ...), Getreide (Buchweizen, Hafer, Weizen), Ölsaat (Sesam, Kürbis, ...) oder Hülsenfrüchte (Adzuki-Bohnen, Linsen, Soja ...). Sprossen und Keimlinge eignen sich perfekt für Salate, zum Braten, aber auch als kleiner Snack zwischendurch!

**Schritt 1** Die Samen über Nacht in einer großen Salatschüssel mit reichlich Wasser einweichen.

**Schritt 2** Anschließend die Samen gründlich spülen und gut abtropfen lassen.

**Schritt 3** Samen in eine Schüssel füllen, diese mit einem feuchten Küchentuch abdecken und bei Zimmertemperatur ruhen lassen.

**Schritt 4** Nun die Samen zweimal täglich sorgfältig spülen und abtropfen lassen.

**Schritt 5** Nach etwa 24–25 Stunden beginnen die Samen zu keimen. Sobald die Sprossen die gewünschte Größe erreicht haben, spülen Sie diese ein letztes Mal. Sprossen und Keimlinge, die Sie nicht sofort verbrauchen, können Sie bis zu 3 Tage im Kühlschrank aufbewahren.

# Do it yourself
# Mus aus Schalenobst herstellen

**Zutaten
für 1 Glas Nussmus**

300 g Haselnusskerne,
geschält

**Außerdem**

1 Standmixer

Natürlich können Sie fertige Pürees aus Nüssen überall kaufen, doch ihre Herstellung ist so einfach, dass Sie es einfach mal selber ausprobieren sollten. Nach der folgenden Methode können Sie unter anderem Caschewnüsse, Erdnüsse, Macadamianüsse und Mandeln verarbeiten. Falls Ihnen Ihr Nussmus nach dem Mixen noch zu trocken erscheint, geben Sie einfach etwas Öl hinzu, um es geschmeidiger zu machen. So ein Nussmus eignet sich prima als Brotaufstrich, für köstliche Kuchenrezepte (wie etwa die Brownies auf Seite 130) oder um eine Sauce abzuschmecken.

**Schritt 1** Die Haselnüsse über Nacht in Wasser einweichen.

**Schritt 2** Anschließend die Haselnüsse abtropfen lassen und mit Küchenpapier trocken tupfen. Wenn Sie mögen, können Sie die getrockneten Haselnüsse 5 Minuten im Ofen rösten. Dadurch werden sie aromatischer.

**Schritt 3** Füllen Sie die Haselnüsse nun in den Mixer. Durch das Mixen entsteht zunächst eine Art Puder. Mixen Sie dann in Intervallen weiter, um ein Überhitzen des Mixers zu vermeiden. Langsam bekommen die Nüsse die Konsistenz eines Pürees. Machen Sie so lange weiter, bis das Püree glatt und geschmeidig ist. Sie können das Püree bis zu 3 Wochen im Kühlschrank aufbewahren.

# Do it yourself
# Vegane Milch zubereiten

**Zutaten
für 1 Liter
Mandelmilch**

300 g Mandeln, geschält

**Außerdem**

1 Standmixer
1 Passiertuch
1 Durchschlag

Vegane Milch herzustellen ist wirklich ein Kinderspiel. Außerdem haben Sie beim Selbermachen die Garantie, dass Ihre Milch keinen Zucker enthält, was bei handelsüblichen Produkten leider oft der Fall ist. Für eine vegetarische Milch eignen sich neben Mandeln Getreidesamen aller Art, wie etwa Hafer, aber auch Haselnüsse, Walnüsse und Kürbiskerne. Sie können vegane Milch außerdem mit Kakao, Vanille oder Honig aromatisieren.

**Schritt 1** Die Mandeln über Nacht in Wasser einweichen.

**Schritt 2** Anschließend die Mandeln gut abtropfen lassen und mit Küchenpapier trocken tupfen.

**Schritt 3** Nun die Mandeln und 1 ½ l Wasser in einen Mixer geben und so lange mixen, bis eine glatte Milch entstanden ist.

**Schritt 4** Legen Sie das Passiertuch in einen Durchschlag und filtern Sie die Mixtur. Sie können die fertige Mandelmilch 2 Tage im Kühlschrank aufbewahren.

# Das perfekte Frühstück

Alle Getreidearten
(wegen der Proteine,
Ballaststoffe & Vitamine)

Obst, frisch oder
getrocknet (wegen der
Vitamine & Mineralien)

Körner

Milchprodukte
(wegen der Proteine
und Vitamine)

Obst und Gemüse, frisch
oder getrocknet (wegen
der Vitamine & Mineralien)

Pflanzliche
Öle

## Das perfekte Mittagessen

Hülsenfrüchte (wegen der
Proteine, Kohlenhydrate &
Ballaststoffe)

Eier und Milchprodukte

Körner

Und ein wenig Zucker (weil's schmeckt!)

Pflanzliche
Öle

Körner

Hülsenfrüchte
(wegen der Proteine,
Kohlenhydrate &
Ballaststoffe)

Sämtliche Getreidearten
(wegen der Proteine,
Ballaststoffe & Vitamine)

Obst und Gemüse, frisch oder getrocknet (wegen der Vitamine & Mineralien)

Und ein wenig Zucker (weil's schmeckt!)

Das perfekte Abendessen

# Die Rezepte

# Vanillepfannkuchen mit Haselnüssen und roten Beeren

**Vorbereitungszeit: 15 Minuten • Ruhezeit: 15 Minuten •
Zubereitungszeit: 4–5 Minuten pro Pfannkuchen**

## Zutaten für 14 Pfannkuchen

80 g Butter
1 Vanilleschote
2 Eier
200 ml Haselnussmilch
30 g Puderzucker
150 g Mehl
1 Pck. Backpulver
50 g gemahlene Haselnüsse
½ TL Salz
200 g rote Beeren
(Brombeeren, Himbeeren,
Johannisbeeren)
Sonnenblumenöl für die
Pfanne
Ahornsirup zum Servieren

Butter bei schwacher Hitze in einem Topf oder in der Mikrowelle zerlassen.

Die Vanilleschote der Länge nach aufschlitzen und das Vanillemark mit einer Messerklinge herausschaben.

Eier, Haselnussmilch und Puderzucker in einer Schüssel schaumig schlagen. Die zerlassene Butter und das Vanillemark zufügen. Alles gut mischen.

In einer zweiten Schüssel Mehl, Backpulver, die gemahlenen Haselnüsse und Salz vermischen. Diese Mischung nun vorsichtig mit einem Kochlöffel unter die geschlagene Eiermischung heben. Anschließend den Teig 15 Minuten ruhen lassen.

Die roten Beeren behutsam waschen und trocken tupfen.

Pro Pfannkuchen etwas Öl in einer Pfanne erhitzen.

Sobald das Öl heiß ist, eine Schöpfkelle Pfannkuchenteig in die Pfanne geben und gleich darauf einige rote Beeren. So lange backen, bis sich am Rand kleine Bläschen bilden und die Unterseite des Pfannkuchens goldgelb geworden ist. Wenden und weiter backen, bis sich nach 2–3 Minuten auch die zweite Seite goldgelb färbt. Den fertigen Pfannkuchen auf Küchenpapier legen, das überschüssige Fett abtropfen lassen und warm stellen.

Alle Pfannkuchen auf die gleiche Weise zubereiten und mit Ahornsirup servieren.

# Pfannkuchen mit Ricotta

**Vorbereitungszeit: 15 Minuten • Ruhezeit: 15 Minuten •
Zubereitungszeit: 4–5 Minuten pro Pfannkuchen**

## Zutaten
## für 14 Pfannkuchen

80 g Butter
2 Eier
150 g Mehl
1 Pck. Backpulver
½ TL Salz
1 EL Kristallzucker
100 ml Milch
100 g Ricotta
1 TL Vanillearoma
Sonnenblumenöl für die Pfanne
Ahornsirup zum Servieren

Butter bei schwacher Hitze in einem Topf oder in der Mikrowelle zerlassen.

Eigelbe und Eiweiße trennen und das Eiweiß beiseitestellen. In einer Schüssel Mehl, Backpulver, Salz und Zucker vermischen. Anschließend Eigelbe, Milch, Ricotta, Vanillearoma und die zerlassene Butter zufügen. Alles gut mischen.

Das Eiweiß steif schlagen und vorsichtig unter den Vorteig heben. Anschließend den Teig 15 Minuten ruhen lassen.

Pro Pfannkuchen etwas Öl in einer Pfanne erhitzen.

Sobald das Öl heiß ist, eine Schöpfkelle Pfannkuchenteig in die Pfanne geben. So lange backen, bis sich am Rand kleine Bläschen bilden und die Unterseite des Pfannkuchens goldgelb geworden ist. Wenden und weiter backen, bis sich nach 2–3 Minuten auch die zweite Seite goldgelb färbt. Den fertigen Pfannkuchen auf Küchenpapier legen, das überschüssige Fett abtropfen lassen und warm stellen.

Alle Pfannkuchen auf die gleiche Weise zubereiten und mit Ahornsirup servieren.

# Knuspermüsli mit Cranberries und Kardamom

**Vorbereitungszeit: 10 Minuten • Backzeit: 30–35 Minuten**

## Zutaten für 8 Portionen

300 ml Honig
40 g brauner Zucker
100 ml Traubenkernöl
5 Kardamomkapseln
60 g Pekannüsse
30 g Haselnüsse

300 g Haferflocken
100 g Cranberries, getrocknet
50 g Sonnenblumenkerne
50 g Kürbiskerne
1 TL Zimt

Den Backofen auf 180 °C vorheizen

In einem kleinen Topf den Honig mit dem Zucker und dem Traubenkernöl vorsichtig erhitzen.

Kardamomkapseln öffnen und die Samen in einem Mörser zerstoßen. Pekan- und die Haselnüsse grob hacken.

Haferflocken in eine Salatschüssel geben und mit Nüssen, Kardamom, Cranberries, den Sonnenblumen- und Kürbiskernen und dem Zimt mischen. Alles mit dem warmen Honig zu einer streichfesten Masse verarbeiten.

Die Masse gleichmäßig auf einem mit Backpapier ausgelegten Backblech verstreichen. Das Blech für 30–35 Minuten in den Backofen schieben, bis die Masse goldbraun geworden ist.

Das Blech aus dem Ofen holen und abkühlen lassen. Die Masse anschließend mit einem Löffel zerkleinern. Das Knuspermüsli mit Joghurt, Honig und frischem Obst servieren.

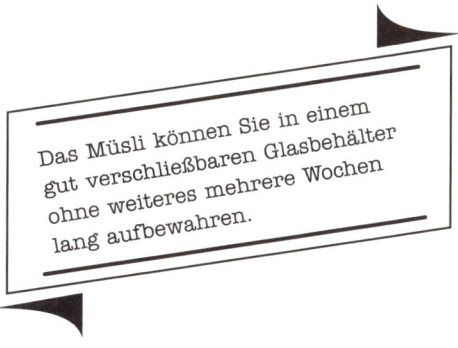

Das Müsli können Sie in einem gut verschließbaren Glasbehälter ohne weiteres mehrere Wochen lang aufbewahren.

# Quinoa-Porridge mit Kürbiskernen

**Vorbereitungszeit: 10 Minuten • Backzeit: 15 Minuten**

## Zutaten für 4 Personen

40 g Kürbiskerne
10–12 Litchis
80 g Johannisbeeren
200 g weiße Quinoa
1 l Milch
1 TL Zimt
50 g Kristallzucker
100 ml Crème fraîche

Die Kürbiskerne im Ofen oder in einer Pfanne rösten und anschließend beiseitestellen.

Litchis schälen. Johannisbeeren waschen und trocken tupfen.

Quinoa gründlich unter fließendem Wasser spülen, abtropfen lassen und in einen Kochtopf geben. Milch, Zimt und Zucker zufügen, abgedeckt zum Kochen bringen und 12 Minuten bei schwacher Hitze köcheln lassen.

Topf vom Herd nehmen, Crème fraîche zufügen und unterheben.

Servieren Sie das Porridge mit den Lichis und den gerösteten Kürbiskernen.

# Chia fresca mit Ingwer

**Zubereitungszeit: 5 Minuten • Ruhezeit: 1 Stunde**

### Zutaten
### für 4 Personen

1 Stück frischer Ingwer (5 cm)
1 ½ Bio-Zitronen

2 EL flüssiger Honig,
nach Belieben
5 TL Chiasamen (bio)
Eiswürfel zum Servieren

Ingwer schälen und reiben. Eine Zitrone halbieren, auspressen und den Zitronensaft in einer Karaffe auffangen. Die halbe Zitrone in feine Scheiben schneiden und zum Zitronensaft geben. Ingwer, Honig und 1 Liter frisches Wasser zufügen. Gut mischen und für 1 Stunde in den Kühlschrank stellen.

Erst 15 Minuten vor dem Servieren die Chiasamen einstreuen und unterrühren. Den gut gekühlten Saft mit Eiswürfeln im Glas servieren.

# Beeren-Bananen-Smoothie mit Buchweizenflocken

**Zubereitungszeit: 5 Minuten**

### Zutaten
### für 2 Personen

200 g rote Beeren (Heidelbeeren,
Himbeeren, Johannisbeeren)
1 sehr reife Banane
1 Vanilleschote
100 g griechischer Joghurt
4 EL Buchweizenflocken

2 EL Ahornsirup
(nach Geschmack)

### Außerdem

1 Standmixer

Die Beeren vorsichtig waschen. Banane schälen und in Scheiben schneiden. Vanilleschote der Länge nach aufschlitzen und das Vanillemark mit einer Messerklinge herausschaben.

Bananenscheiben, rote Beeren, Joghurt, Vanille, Buchweizenflocken und etwas von der Mandelmilch in einen Standmixer geben. Mixen, bis eine glatte Mischung entstanden ist. Soviel von der restlichen Mandelmilch zufügen, bis die Konsistenz eines Smooties erreicht worden ist. Je nach Geschmack Ahornsirup zufügen. Sofort servieren.

# Gemüse-Tempura mit Essig-Sojasauce

**Vorbereitungszeit: 20 Minuten • Zubereitungszeit: 10 Minuten**

## Zutaten für 4 Personen

8 Stangen grüner Spargel
4 Zucchiniblüten
2 Zucchinis
1 Fenchelknolle
4 EL Fleur de Sel
(handgeschöpftes Meersalz)
½ TL Safranfäden
4 EL Sojasauce
1 EL Reisessig
Fett zum Frittieren

## Für den Teig

200 g Mehl
20 g Backpulver
1 Prise Fleur de Sel

Den Spargel, die Zucchiniblüten, die Zucchini und den Fenchel waschen und putzen. Spargelstangen eventuell halbieren, Zucchini in Scheiben und den Fenchel in Streifen schneiden.

Fleur de Sel mit dem Safran mischen. In einer kleinen Schale die Sojasauce mit dem Reisessig mischen.

Für den Teig das Mehl mit dem Backpulver in einer Schüssel mischen. Eine Mulde formen und nach und nach 400 ml kaltes Wasser eingießen. Fleur de Sel zufügen und alles mit einem Handrührgerät vermischen, sodass ein ziemlich flüssiger Teig entsteht.

Das Frittierfett in einem Kochtopf auf 180 °C erhitzen.

Ein Gemüsestück nach dem anderen in den Tempurateig eintauchen und anschließend sofort in das heiße Frittierfett geben. Die Stückchen 4–5 Minuten frittieren, bis sie rundherum goldbraun sind, dazu die Hitze etwas reduzieren. Die Gemüse-Tempura-Stücke mit einem Schaumlöffel herausheben und auf Küchenpapier abtropfen lassen.

Das frittierte Gemüse mit dem Safran-Salz bestreuen und sofort mit der Essig-Sojasauce servieren.

# Rote-Bete-Salat
# mit Himbeeren und Perlgraupen

**Vorbereitungszeit: 15 Minuten • Zubereitungszeit: 1 Stunde 45 Minuten • Einweichzeit: 1 Nacht**

## Zutaten
## für 4 Personen

200 g Perlgraupen
4 rohe Rote Beten, gerne
verschiedenfarbig
150 g Himbeeren
200 g Fetakäse

## Für die Vinaigrette

Saft von 1 Bio-Zitrone
1 EL Aceto balsamico
4 EL Traubenkernöl
Salz, Pfeffer aus der Mühle

Die Perlgaupen am Vortag in einer Schüssel mit kaltem Wasser einweichen.

Am nächsten Tag die Roten Beten 1 Stunde in kochendem Wasser garen bis sie weich sind (Stechen Sie mit einem spitzen Messer in eine Knolle, um zu prüfen, ob sie gar ist.) Die Knollen abtropfen und abkühlen lassen, anschließend schälen und in kleine Würfel schneiden. Beiseitestellen.

Die Perlgraupen abtropfen lassen, in einen Topf geben, mit der 4-fachen Menge kaltem Wasser bedecken und zugedeckt 45 Minuten kochen lassen.

Die Himbeeren vorsichtig waschen und trocknen. Den Fetakäse zerbröseln.

Für die Vinaigrette den Zitronensaft, den Aceto balsamico und das Traubenkernöl in einer Schüssel mischen und mit Salz und Pfeffer abschmecken.

Die Perlgraupen in eine Salatschüssel geben und mit den Rote-Bete-Würfeln mischen. Den Fetakäse und die Himbeeren zufügen. Die Vinaigrette zugießen und unterheben. Bis kurz vor dem Servieren im Kühlschrank aufbewahren.

# Getrüffelte Maiscreme

**Vorbereitungszeit: 15 Minuten • Kochzeit: 15 Minuten**

## Zutaten
## für 4 Personen

1 Zwiebel
20 g Butter
600 g Maiskörner,
frisch oder aus der Dose
1 l Gemüsebrühe (bio)
5 TL Trüffelöl (variieren Sie
die Menge nach Geschmack)
Salz
Pfeffer aus der Mühle

Die Zwiebel schälen und hacken. Die Butter in einem Topf zerlassen und die Zwiebelstückchen darin 4–5 Minuten glasig dünsten.

Den Mais zufügen und 5 Minuten mitbraten.

Die Gemüsebrühe zufügen, zum Kochen bringen und anschließend 15 Minuten bei mittlerer Hitze köcheln lassen.

Dann ein wenig Brühe entnehmen und beiseitestellen. Alles cremig pürieren. Die Konsitstenz der Suppe, wenn nötig, mit der beiseite gestellten Brühe regulieren.

Die Maiscreme mit Trüffelöl, Salz und Pfeffer abschmecken und schön warm servieren.

# Tomaten-Zucchini-Buchweizen-Auflauf

**Vorbereitungszeit: 15 Minuten • Zubereitungszeit: 55 Minuten**

## Zutaten
## für 4 Personen

4 Tomaten
4 Zucchini
2 Knoblauchzehen
3 Zweige Thymian
500 g frischer Ziegenkäse
6 EL Olivenöl
2 EL Aceto balsamico
Salz, Pfeffer aus der Mühle
500 g Mehl

200 g Butter, zimmerwarm
150 g gerösteter Buchweizen
(Kasha)
150 g Parmesan, frisch gerieben

## Außerdem

4 Auflaufförmchen

Den Backofen auf 160 °C vorheizen.

Die Tomaten und die Zucchini waschen, abtrocknen und in kleine Würfel schneiden.

Den Knoblauch schälen und zerdrücken. Die Thymianblätter von den Zweigen zupfen. Den Ziegenkäse zerbröseln.

Olivenöl und Aceto balsamico in einer Schale verrühren.

Die gewürfelten Tomaten und Zucchini auf vier ofenfeste Auflaufformen verteilen. Den Knoblauch und die Thymianblätter gleichmäßig darüber streuen. Die Vinaigrette zugießen und mit Salz und Pfeffer würzen. Den Auflauf in den Förmchen für 30 Minuten in den Ofen schieben.

Mehl in eine Schüssel geben, außerdem die weiche, in kleine Stücke zerteilte Butter, den Buchweizen und den Parmesan. Alles mit den Fingern zu einem Streuselteig verkneten.

Die Auflaufformen aus dem Ofen holen und den Ziegenkäse und die Streusel gleichmäßig darüber verteilen. Die Temperatur des Ofens auf 200 °C erhöhen und den Auflauf 25 Minuten fertig backen.

# Schneller Gemüsesalat
# mit gerösteten Kernen

**Vorbereitungszeit: 10 Minuten • Zubereitungszeit: 5 Minuten**

## Zutaten
## für 4 Personen

½ Bund Radieschen
1 Salatgurke
1 Zucchino
4 Zweige Minze
15 g Chiasamen
15 g Sonnenblumenkerne
15 g Kürbiskerne
1 Bio-Zitrone
4 EL Avocadoöl
300 g Ricotta
Salz, Pfeffer aus der Mühle

Die Radieschen vom Blattwerk befreien und waschen. Salatgurke und Zucchino waschen, abtrocknen und mit einem Gemüsehobel in sehr feine Scheibe schneiden.

Die Minze waschen und die Minzeblätter von den Zweigen zupfen.

Die Chiasamen sowie die Sonnenblumen- und Kürbiskerne in einer heißen Pfanne 4–5 Minuten rösten.

Die Schale der Zitrone abreiben und die Frucht auspressen.

Das Gemüse in eine Schüssel füllen, die gerösteten Samen und Kerne, die Minze, den Zitronensaft und das Avocadoöl zufügen, gut mischen und mit Salz und Pfeffer abschmecken.

Den Salat mit der geriebenen Zitronenschale bestreuen und mit Ricotta als Beilage ganz frisch servieren.

# Fetteh

**Vorbereitungszeit: 20 Minuten · Zubereitungszeit: 15 Minuten**

## Zutaten
## für 4 Personen

4 Pita-Brote
2 Knoblauchzehen
50 g Mandeln
50 g Butterschmalz
1 EL gemahlener Kreuz-
kümmel
1 EL Paprikapulver
500 g Kichererbsen
aus der Dose
300 g griechischer Joghurt
2 EL Tahini
Salz, Pfeffer aus der Mühle
2 EL Zitronensaft

Den Backofen auf 200 °C vorheizen.

Die Pita-Brote auf einem Backblech in den Ofen schieben, bis sie goldgelb und knusprig sind. Dann aus dem Ofen holen, abkühlen lassen und in kleine Stücke brechen.

Knoblauch schälen und hacken. Mandeln sehr grob hacken.

Butterschmalz in einer Pfanne bei geringer Wärmezufuhr zerlassen. Den Knoblauch, die Mandeln, den Kreuzkümmel und das Paprikapulver einrühren und einige Minuten sanft köcheln lassen. Sobald alles goldgelb ist, den Topf vom Herd nehmen.

Die Kichererbsen sorgfältig abtropfen und trocknen lassen. In eine große Pfanne geben, Joghurt und Tahini zufügen und mit Salz und Pfeffer abschmecken. Unter gelegentlichem Umrühren bei niedriger Hitze erwärmen.

Die Mandel-Gewürz-Butter über die Kichererbsen gießen, die Pita-Stückchen darüber streuen und mit Zitronensaft besprenkeln. Sofort servieren.

# Maronen-Apfel-Creme mit Krokant aus Kürbiskernen

**Vorbereitungszeit: 30 Minuten • Zubereitungszeit: 25 Minuten**

## Zutaten
## für 4 Personen

250 g Kristallzucker
126 g Kürbiskerne
1 säuerlicher Apfel
(z.B. Granny Smith)
Saft von 1 Bio-Zitrone
1 Gemüsezwiebel
800 g gekochte Maronen
10 g Butter
200 ml Mandelmilch
Salz, Pfeffer aus der Mühle
1 gute Handvoll Alfalfa-
Sprossen

## Außerdem

1 Pürierstab

Für den Krokant den Zucker mit 120 ml Wasser in einem Topf erwärmen, bis er goldgelb karamellisiert. Die Kürbiskerne einrühren und das noch flüssige Karamell unverzüglich auf ein mit Backpapier ausgelegtes Backblech gießen. Die Karamellmasse mit einem Teigspatel oder einem Messer glatt streichen und abkühlen lassen. Anschließend in Stücke brechen.

Den Apfel waschen, Stil, Blüte und das Kerngehäuse entfernen, in feine Stifte schneiden und diese mit Zitronensaft besprengen. Die Zwiebel schälen und in feine Scheiben schneiden. Die Maronen abtropfen lassen.

Butter in einem Schmortopf erwärmen und die Zwiebelscheiben darin 5 Minuten auf kleiner Flamme glasig dünsten. Maronen zufügen und 5 Minuten bräunen, Mandelmilch angießen und so viel Wasser zufügen, bis alles bedeckt ist. Mit Salz und Pfeffer würzen und abgedeckt 15 Minuten köcheln lassen.

Etwas von dem Kochwasser abgießen und beiseitestellen. Den Inhalt des Topfes pürieren, bis eine weiche, glatte Creme entstanden ist. Gegebenenfalls wieder etwas Kochwasser zugießen.

Die Creme auf vier Schälchen verteilen. Die Apfelstifte und die Alfalfa-Sprossen darüber streuen. Noch heiß mit dem Kürbiskern-Krokant servieren.

Diese Krokant-Variationen passen zu Hauptmalzeiten wie hier, aber auch zu Desserts wie den karamellisierten Äpfeln von Seite 135.

# Krokant aus Erdnüssen

**Vorbereitungszeit: 5 Minuten • Zubereitungszeit: 10 Minuten**

**Zutaten für
1 Krokantplatte**

200 g ungesalzene Erdnüsse
250 g Kristallzucker

Die Erdnüsse grob zerkleinern.

Den Zucker mit 120 ml Wasser in einem Topf erwärmen, bis er goldgelb karamellisiert.

Die Erdnüsse einrühren und das noch flüssige Karamell unverzüglich auf ein mit Backpapier ausgelegtes Backblech gießen.

Die Karamellmasse mit einem Teigspatel oder einem Messer glatt streichen und abkühlen lassen. Fertig ist der Krokant!

# Krokant aus Sesamsamen

**Vorbereitungszeit: 5 Minuten • Zubereitungszeit: 10 Minuten**

**Zutaten für
1 Krokantplatte**

250 g Kristallzucker
150 g Sesamsamen

Den Zucker mit 120 ml Wasser in einem Topf erwärmen, bis er goldgelb karamellisiert.

Die Sesamsamen einrühren und das noch flüssige Karamell unverzüglich auf ein mit Backpapier ausgelegtes Backblech gießen.

Die Karamellmasse mit einem Teigspatel oder einem Messer glatt streichen und abkühlen lassen. Fertig ist der Krokant!

# Fenchel-Salat
# mit weißen Bohnen

**Vorbereitungszeit: 15 Minuten • Zubereitungszeit: 1 Stunde 10 Minuten • Einweichzeit: 1 Nacht**

## Zutaten
## für 4 Personen

500 g getrocknete,
weiße Bohnen
1 l Gemüsebrühe (bio)
4 Zweige Thymian
1 rote Zwiebel
1 Fenchelknolle
4 EL Rapsöl
1 EL Sherryessig
(z.B. Vinaigre de Xérès)
4 EL frisch gepressten
Orangensaft
50 g Mandeln
Salz, Pfeffer aus der Mühle

Die weißen Bohnen über Nacht in einer großen Schüssel mit kaltem Wasser einweichen.

Am Folgetag die Bohnen gründlich abtropfen und mit der Gemüsebrühe und dem Thymian in einem großen Topf zum Kochen bringen. Nach 10 Minuten die Hitze reduzieren und bei mittlerer Hitze 1 Stunde köcheln lassen. Die Bohnen erneut abgießen und abkühlen lassen.

Die Zwiebel schälen und mit einem Gemüsehobel in feine Scheiben schneiden. Den Fenchel waschen, die äußeren Blätter der Knolle entfernen und das Herz freilegen. Mit dem Gemüsehobel in feine Streifen schneiden.

Das Rapsöl, den Essig und den Orangensaft in einer Schale zu einer Vinaigrette verrühren.

Bohnen, Fenchel, Zwiebel und Mandeln in eine Schüssel geben, Vinaigrette angießen und mit Salz und Pfeffer würzen. Alles gut mischen und bis zum Servieren im Kühlschrank aufbewahren.

# Udon-Nudeln in Zitronengras-Bouillon

**Vorbereitungszeit: 20 Minuten • Zubereitungszeit: 40 Minuten**

## Zutaten
## für 4 Personen

50 g frischer Ingwer
2 Knoblauchzehen
4 Stängel Zitronengras
1 Möhre
1 Stange Sellerie
1 Zwiebel
4 Lauchzwiebeln
1 weißer Rettich
10 Radieschen
1 EL Olivenöl
Salz, Pfeffer aus der Mühle
300 g Udon-Nudeln

Ingwer und Knoblauch schälen und hacken. Die äußeren Blätter der Zitronengrasstängel entfernen. Einen Stängel in Scheiben schneiden, die restlichen 3 Stängel je einmal der Länge nach teilen.

Die Möhre und die Selleriestange schälen und in Stücke schneiden. Die Zwiebel schälen und vierteln. Lauchzwiebeln waschen und fein schneiden.

Den Rettich und die Radieschen putzen, waschen und mit einem Gemüsehobel in sehr feine Scheiben schneiden.

Olivenöl in einem großen Topf erhitzen und Möhren, Zwiebeln, Sellerie, Ingwer und Knoblauch darin 5 Minuten bei schwacher Hitze anschwitzen. Anschließend 1 l Wasser zugießen und die halbierten Zitronengrasstängel zufügen. Mit Salz und Pfeffer würzen. Einmal aufkochen und dann 30 Minuten bei schwacher Hitze köcheln lassen.

Die Bouillon abseihen und wieder in den Topf zurückgießen. Die Zitronengrasscheibchen zufügen und erneut zum Kochen bringen. Nun die Udon-Nudeln in die Bouillon geben und gemäß der Packungsangabe kochen. Etwa 2 Minuten vor Beendigung der Kochzeit die Rettich- und Radieschenscheiben zufügen.

Die Bouillon mit den Nudeln auf 4 Schalen verteilen und mit Lauchzwiebeln bestreut noch heiß servieren.

# Erbsenpudding mit Saubohnen

**Vorbereitungszeit: 15 Minuten • Zubereitungszeit: 20 Minuten**

## Zutaten für 4 Personen

500 ml Gemüsebrühe (bio)
125 g Erbsen, aus der Dose
125 g Saubohnen,
aus der Dose
120 g Crème fraîche
80 ml Milch
2 Eier + 2 Eigelbe
60 g Parmesan, frisch
gerieben
Salz, Pfeffer aus der Mühle
Butter für die
Auflaufförmchen
3 Dillzweige

## Außerdem

Bain-Marie (Wasserbad)
Pürierstab
4 Auflaufförmchen

Den Backofen auf 160 °C vorheizen und die Bain-Marie mit kaltem Wasser auf den Grillrost (unterste Stufe) stellen.

Die Gemüsebrühe in einem Topf aufkochen, Erbsen und Saubohnen zufügen, 7 Minuten kochen und anschließend abgießen.

Die Saubohnen nun pellen. Für später 2 Esslöffel Erbsen und Bohnen beiseitestellen und den Rest pürieren. In das Püree die Crème fraîche, Milch, 2 ganze Eier, 2 Eigelbe und den Parmesan einrühren und alles mit Salz und Pfeffer würzen.

Die Masse auf vier mit Butter eingefetteten Auflaufförmchen verteilen. Mit dem gehackten Dill bestreuen und mit den beiseite gestellten Erbsen und Bohnen dekorieren.

Die Auflaufförmchen in die Bain-Marie stellen und alles im Ofen 20 Minuten garen. Noch heiß servieren.

# Zucchinipudding mit Seidentofu

**Vorbereitungszeit: 15 Minuten • Ruhezeit: 30 Minuten • Zubereitungszeit: 30 Minuten**

## Zutaten für 4 Personen

3 Zucchini
10 Minzeblätter
120 g Seidentofu
80 ml Milch
2 Eier + 2 Eigelbe
1 Prise Chilipulver
(z.B. Espelette-Pfeffer)
40 g Provolone, frisch
gerieben
Salz, Pfeffer aus der Mühle
Butter für die
Auflaufförmchen

## Außerdem

Bain-Marie (Wasserbad)
Standmixer
Durchschlag
Auflaufförmchen

Den Backofen auf 160 °C vorheizen und die Bain-Marie mit kaltem Wasser auf den Grillrost (unterste Stufe) stellen.

Die Zucchini waschen, mit einer Küchenmaschine oder einem Standmixer zerkleinern. Die Masse in einen Durchschlag geben, möglichst die ganze Flüssigkeit auspressen und noch 30 Minuten abtropfen lassen. Die Minzeblätter waschen und hacken.

Den Seidentofu abtropfen lassen und mit Zucchini, Milch, 2 Eiern, 2 Eigelben, Minze, Chilipulver und dem Provolone in einer Salatschüssel mischen. Mit Salz und Pfeffer würzen.

Die Masse auf vier mit Butter eingefettete Auflaufförmchen verteilen. Die Auflaufförmchen in die Bain-Marie stellen und alles im Ofen 20 Minuten garen. Noch heiß servieren.

# Kokosnusssuppe
# mit Thai-Ingwer und Tempeh

**Vorbereitungszeit: 20 Minuten • Zubereitungszeit: 25 Minuten**

## Zutaten
## für 4 Personen

100 g Thai-Ingwer
1–2 Thai-Chillies
10 Kaffirlimettenblätter
1 Pck. Tempeh
(aus dem Bioladen)
1 Bund Koriander
1½ l Kokosnussmilch
1 EL Rohrzucker
2 EL Sojasauce
Saft von 1 Bio-Limone
2 EL Olivenöl
50 g getrocknete Pilze
(z.B. Shiitake, braune
Champignons)
Salz, Pfeffer aus der Mühle

Thai-Ingwer schälen und in feine Scheiben schneiden. Thai-Chili waschen und schräg in feine Scheiben schneiden. Die Kaffirlimettenblätter waschen und in feine Streifen schneiden. Tempeh in Scheiben schneiden. Den Koriander waschen und fein schneiden.

Die Kokosnussmilch in einen großen Topf gießen und mit dem Thai-Ingwer und den Kaffirlimettenblättern zum Kochen bringen, dann die Hitze sofort reduzieren. Den Rohrzucker, die Sojasauce und den Limonensaft zufügen und alles 20 Minuten bei schwacher Hitze köcheln.

In der Zwischenzeit Olivenöl in einer Pfanne erhitzen und die Tempeh-Scheiben darin von allen Seiten anbraten.

Pilze und Chili in die Kokosnusssuppe geben und weitere 3 Minuten köcheln. Anschließend mit Salz und Pfeffer abschmecken. Suppe auf vier Schalen verteilen, Tempeh-Scheiben auflegen und mit Koriander bestreut servieren.

# Linsensalat
## mit bittersüßem Rotkohl

**Vorbereitungszeit: 20 Minuten • Zubereitungszeit: 30–40 Minuten**

### Zutaten
### für 4 Personen

400 g Linsen
1 Würfel Gemüsebrühe (bio)
1 säuerlicher Apfel
Saft von ½ Bio-Zitrone
150 g Roquefort
¼ Rotkohl
1 EL Walnussöl
1 TL Senf
1 EL Apfelessig
1 EL flüssiger Honig
Salz, Pfeffer aus der Mühle
40 g grüne (unreife)
Walnüsse

Die Linsen gründlich mit klarem Wasser spülen, in einen Topf füllen, mit knapp 1½ l kaltem Wasser bedecken und den Brühwürfel darin auflösen. Alles 30–40 Minuten kochen lassen.

Apfel waschen, schälen, Stiel, Blüte und Kerngehäuse entfernen und in kleine Stifte schneiden. Mit Zitronensaft beträufeln, damit die Apfelstifte sich nicht braun verfärben. Roquefort zerkrümeln.

Den Rotkohl waschen, das Herz entfernen und den Kohl in feine Streifen schneiden.

Sobald die Linsen gar sind, abtropfen und abkühlen lassen. Dann mit Rotkohl, Apfel und Roquefort in eine Salatschüssel geben.

In einer Schale Walnussöl, Senf, Apfelessig und Honig zu einer Vinaigrette verrühren. Mit Salz und Pfeffer abschmecken.

Die Honig-Vinaigrette über den Linsensalat gießen, die Nüsse zufügen und alles mischen. Den Salat frisch servieren.

# Ziegenkäsetaler mit Sesam und Leinsamen auf Salat

**Vorbereitungszeit: 20 Minuten • Zubereitungszeit: 10 Minuten**

## Zutaten
## für 4 Personen

4 kleine Chicorées
4 kleine Radicchios
4 EL dunkles Sesamöl
1 EL Apfelessig
1 EL flüssiger Honig
Salz, Pfeffer aus der Mühle
1 Ei
50 g geröstete Sesamsamen
50 g Leinsamen
4 kleine Ziegenkäse
(z.B. Rocamadour)
oder 4 Scheiben Ziegenkäse
von der Rolle à 100 g
1 EL Olivenöl

Chicorées und Radicchios waschen, die bitter schmeckenden Herzen entfernen, in 3 cm große Stücke schneiden und in eine Salatschüssel geben.

Das dunkle Sesamöl mit dem Apfelessig und dem Honig in einer Schale gut verrühren. Diese Vinaigrette über den Salat gießen und vermischen. Mit Salz und Pfeffer würzen und beiseitestellen.

Das Ei in einem tiefen Teller schlagen. Sesamsamen und Leinsamen in einem zweiten Teller mischen und bereitstellen.

Den Ziegenkäse zunächst im Ei und dann in den Samen wälzen.

Das Olivenöl in einer Pfanne erhitzen und die panierten Ziegenkäsetaler von allen Seiten 8–10 Minuten rösten. Achtung, die Samen können springen!

Den Käse noch heiß und weich mit dem Salat servieren.

# Quinoa-Minestrone mit Nuss-Petersilien-Pesto, Hokkaido und Grünkohl

**Vorbereitungszeit: 20 Minuten • Zubereitungszeit: 40 Minuten**

## Zutaten
## für 4 Personen

1 Zwiebel
1 Tomate
700 g Hokkaidokürbis
1 Stangensellerie
75 g Grünkohl
3 EL Olivenöl
1 l Gemüsebrühe (bio)
80 g rote Quinoa
½ Chili
Salz, Pfeffer aus der Mühle
Saft von ½ Bio-Zitrone

## Für das Pesto

1 Knoblauchzehe
1 Bund glatte Petersilie
10 g Haselnüsse
25 g Parmesan, frisch gerieben
1 Prise grobes Salz
etwa 100 ml Olivenöl

Für das Pesto zunächst die Knoblauchzehe abziehen und hacken. Die Petersilie waschen und die Blättchen abzupfen. Die Haselnüsse und die Petersilienblättchen mit Knoblauch, Parmesan und dem groben Salz sowie der Hälfte des Olivenöls zu einer homogenen Masse mixen. Nun von dem restlichen Olivenöl so viel angießen, bis das Pesto die gewünschte Konsistenz hat und es dann im Kühlschrank beiseitestellen.

Nun die Zwiebel schälen und fein schneiden. Die Tomate waschen, entkernen und in kleine Würfel schneiden. Den Hokkaidokürbis schälen, von Kernen und Fasern befreien und in 2 cm große Würfel schneiden. Den Stangensellerie waschen und in feine Scheiben schneiden. Den Grünkohl waschen, die harten Rippen entfernen und die Blätter in feine Streifen schneiden. Die zarten, krausen Blattspitzen zum Dekorieren beiseitelegen.

Nun Olivenöl in einem großen Topf erhitzen und die Zwiebeln darin 5 Minuten anbraten. Tomaten, Hokkaido, und Sellerie zufügen und 5 Minuten andünsten. Den größten Teil der Gemüsebrühe angießen und weitere 15 Minuten bei schwacher Hitze köcheln.

Quinoa 3 Minuten bei geringer Hitze in einer Pfanne rösten.

Nun die restliche Gemüsebrühe zum Gemüse geben, dann die geröstete Quinoa, die in dünne Scheiben geschnittene Chili und den überwiegenden Teil des Pestos. Mit Salz und Pfeffer würzen und 15 Minuten köcheln. Anschließend den Grünkohl zufügen und weiter 5 Minuten köcheln.

Kurz vor dem Servieren den Zitronensaft in die Minestrone gießen und die Grünkohlspitzen zufügen. Das restliche Pesto in ein Schälchen fülle, sodass sich jeder Gast nach seinem Belieben davon bedienen kann.

# Tofu-Bratlinge mit Spinat und Quinoa an Tomatenconfit

**Vorbereitungszeit: 35 Minuten • Zubereitungszeit: 45 Minuten (Confit), 10 Minuten (Bratlinge)**

## Zutaten für 4 Personen

### Für die Bratlinge

100 g Tofu
1 Handvoll frischen Spinat
1 junge Zwiebel
340 g gekochte weiße Quinoa, gut abgetropft
4 Eier
50 g Parmesan, frisch gerieben
100 g frischen Ziegenkäse
1 TL Kurkuma
50 g Semmelbrösel
1 EL Sojasauce
5 EL Olivenöl
Salz, Pfeffer aus der Mühle

### Für das Tomatenconfit

300 Kirschtomaten
1 EL Aceto balsamico
1 Knoblauchknolle
3 Zweige Thymian
4 EL Olivenöl
Salz, Pfeffer aus der Mühle

Den Backofen auf 160 °C vorheizen.

Für das Tomatenconfit die Tomaten waschen und auf einem Backblech auslegen. Die Knoblauchknolle am Stück und ungeschält zerdrücken. Balsamico, Knoblauchknolle, Thymian, Olivenöl, Salz und Pfeffer zufügen. Das Blech nun für 45 Minuten bis 1 Stunde in den Ofen schieben und schmoren lassen. (Falls die Tomaten zu stark bräunen, einfach mit Aluminiumfolie abdecken.)

Tofu abtropfen lassen. Spinat waschen und die Stiele entfernen. Spinat grob mit dem Tofu mischen.

Nun die Zwiebel waschen, die feinen Wurzeln entfernen und in feine Würfel schneiden.

Quinoa und Eier in einer großen Schüssel mischen. Zwiebel, Tofu-Spinat-Mischung, Parmesan, Ziegenkäse, Kurkuma, Semmelbrösel, Sojasauce, 1 Esslöffel Olivenöl, Salz und Pfeffer zufügen und alles gut mischen. (Sollte die Mischung zu flüssig sein, einfach noch mehr Semmelbrösel zufügen.)

In einer Pfanne 1 Esslöffel Olivenöl erhitzen. Mit den Händen aus der Quinoa-Mischung etwa eiskugelgroße Bällchen formen, flachdrücken und in die Pfanne setzen. Die Bratlinge von beiden Seiten jeweils 5 Minuten braten. Eventuell etwas Olivenöl nachgießen.

Die Tofu-Bratlinge noch heiß mit dem Tomatenconfit servieren.

# Blumenkohl-Pizza
# mit Ricotta und Feigen

**Vorbereitungszeit: 30 Minuten • Zubereitungszeit: 40–45 Minuten**

## Zutaten
## für 4 Personen

### Für den Pizzateig

1 mittelgroßer Blumenkohl
80 g gemahlene Mandeln
2 Eier
Salz, Pfeffer aus der Mühle

### Für den Belag

100 g Ricotta
10 frische, reife Feigen
¼ Granatapfel
1 EL flüssiger Honig
1 Handvoll Rucola

Den Backofen auf 200 °C vorheizen.

Für den Teig den Blumenkohl putzen, holzige Stiele entfernen, die Blumenkohlröschen herauslösen und mit den zarten Stilen fein hacken oder in einer Küchenmaschine fein raspeln, bis eine Art Gries entsteht. Ein Backblech mit Backpapier auslegen, die Blumenkohlröschen darauf verteilen und mit Backpapier abgedeckt 10 Minuten auf mittlerer Schiene im Ofen garen. Anschließend den Blumenkohl aus dem Ofen holen und abkühlen lassen.

Den lauwarmen Blumenkohl in einer Schüssel mit gemahlenen Mandeln mischen, 1 Prise Salz und Pfeffer zufügen. Eier schlagen und in eine Mulde in der Blumenkohl-Mandel-Mischung füllen. Mit den Händen kneten und zu einer Pizzateigkugel formen.

Den Teig auf einem mit Backpapier ausgelegten Backblech etwa 3–4 mm dick ausrollen. In den Ofen schieben und 10–15 Minuten backen.

Währenddessen Rucola waschen. Feigen waschen, abtrocknen und vierteln. Die Kerne aus dem Granatapfel herauslösen.

Den Pizzateig aus dem Ofen holen, zunächst den Ricotta darauf verteilen, dann die Feigen und schließlich den Honig. Die Pizza erneut für 10–20 Minuten in den Ofen schieben. Wenn die Ränder sich braun färben, ist die Pizza fertig!

Die Pizza mit Rucola und den Granatapfelkernen bestreuen, mit Salz und Pfeffer würzen und servieren.

# Belag-Variationen für Blumenkohl-Pizza

**– Blumenkohl-Pizza mit Gemüse:** Auf die Ricotta-Basis kommen Tomaten, Auberginen und Zucchini, die zuvor mit einer Gemüsereibe in feine Scheiben geschnitten wurden. Dann mit Olivenöl beträufeln, mit schwarzen Oliven bestreuen und in 10–15 Minuten fertig backen.

**– Grüne Blumenkohl-Pizza:** Auf die Ricotta-Basis kommen feine Zucchinischeiben. Dann mit Pinienkernen und frischem Basilikum bestreuen, mit Olivenöl beträufeln und in 10–15 Minuten fertig backen.

**– Blumenkohl-Pizza südfranzösische Art:** Auf einer Mascarpone-Basis Paprikastreifen und Tomatenconfit (siehe Seite 84) verteilen. Dann mit Kapern bestreuen, mit Olivenöl beträufeln und in 10–15 Minuten fertig backen.

Beim Pizza-Belag sind Ihrer Fantasie keine Grenzen gesetzt. Erlaubt ist, was Ihnen schmeckt!

# Kleine Kürbisse gefüllt mit rotem Camargue-Reis

**Vorbereitungszeit: 25 Minuten • Zubereitungszeit: etwa 1 Stunde**

## Zutaten für 4 Personen

1 Zwiebel
200 g Fetakäse
2 Butternusskürbisse
oder 4 kleine Kürbisse
nach Belieben
200 ml Walnussöl

## Für die Füllung

10 g Butter
250 g roter Camargue-Reis
500 ml Gemüsebrühe (bio)
Salz, Pfeffer aus der Mühle
¼ Chili
3 EL Sultanien
1 TL Viergewürz
(Quatre-épice)

Den Backofen auf 190 °C vorheizen.

Zwiebel schälen und hacken. Fetakäse in kleine Würfel schneiden.

Die Butternusskürbisse der Länge nach halbieren. Falls runde Kürbisse verwendet werden, die Deckel mit einem kleinen Schälmesser entfernen und beiseitelegen. Die Kürbisse mit einem Esslöffel aushöhlen, dabei die Kerne und Fasern entfernen. Das Kürbisfleisch mit Walnussöl einpinseln und die Kürbisse auf ein mit Backpapier ausgelegte Backblech legen, in den Ofen schieben und 30 Minuten backen.

Für die Füllung Butter in einem Topf zerlassen und die Zwiebeln 5 Minuten darin anschwitzen, bis sie durchsichtig geworden sind. Den Reis zufügen und umrühren, bis er ganz mit Butter benetzt ist. Die Gemüsebrühe zugießen. Mit Salz und Pfeffer würzen, Chili zufügen und 20 Minuten bei mittlerer Hitze köcheln.

Den Reis abtropfen lassen und mit 150 g Fetakäse, Sultaninen und Viergewürz mischen sowie mit Salz und Pfeffer abschmecken.

Die ausgehölten Kürbisse mit dem Reis füllen, den restlichen Fetakäse darüber streuen, die Deckel gegebenenfalls wieder aufsetzen und für weitere 15 Minuten in den Backofen schieben. Die gefüllten Kürbisse noch heiß servieren. Dazu passt ein Sprossensalat.

# Hausgemachte Ravioli mit Mohn und Tomaten

**Vorbereitungszeit: 40 Minuten • Ruhezeit: 1 Stunde • Zubereitungszeit: 10 Minuten**

## Zutaten für 4-6 Personen

### Für die Füllung

10 in Öl eingelegte Tomaten
200 g Hüttenkäse
60 g Parmesan, frisch
gerieben
Salz, Pfeffer aus der Mühle

### Für den Ravioli-Teig

400 g Mehl
5 g Salz
4 Eier
2 EL Olivenöl
4–5 EL Mohnsamen

### Für die Sauce

100 ml Crème fraîche
100 ml süße Sahne
50 g Frischkäse
(z.B. Burrata)
30 g Parmesan, frisch
gerieben + einige Hobelspäne
zum Servieren
Salz, Pfeffer aus der Mühle

### Außerdem

30 g Haselnüsse,
grob gehackt
1 Hand voll Rucola

Für die Füllung die eingelegten Tomaten abtropfen lassen und in schmale Streifen schneiden. Die Tomatenstreifen mit Hüttenkäse und Parmesan in einer Schale vermengen. Mit Salz und Pfeffer würzen und beiseitestellen.

Für den Ravioli-Teig Mehl und Salz in einer Schüssel mischen. In der Mitte eine Mulde formen und die Eier mit Olivenöl und Mohnsamen hineingeben. Von der Mitte aus – damit das Mehl erst nach und nach eingearbeitet wird (eventuell 1 Esslöffel Wasser zufügen) – zu einem homogenen Teig kneten. Eine Kugel formen, in Frischhaltefolie einwickeln und mindestens 2 Stunden im Kühlschrank ruhen lassen.

Anschließend ein etwa 50–60 g großes Stück Teig abreißen. Den restlichen Teig in der Folie lassen, damit er nicht austrocknet. Die Arbeitsfläche, die Hände und die Walzen der Nudelmaschine großzügig einmehlen. Das Teigstück mit der Nudelmaschine nun auswalzen: beginnend bei Stufe 1, dann Stufe 2, usw. bis Stufe 7. Zwischendurch immer wieder mit Mehl bestäuben. Auf die gleiche Weise einen zweiten Teigstreifen herstellen. Nun einen der Teigstreifen auf die bemehlte Arbeitsfläche legen und in regelmäßigen Abständen mit einem Teelöffel jeweils ein Häufchen von der Füllung darauf setzen. Die Teigränder mit einem Pinsel befeuchten und den zweiten Teigstreifen auflegen. Die beiden Teigstreifen rund um die Füllungen fest zusammendrücken. Mit einer runden Ausstechform (glatt oder gewellt) Ravioli ausstechen. Auf diese Weise weitere Ravioli herstellen.

Für die Sauce die Crème fraîche mit der Sahne in einem Topf mischen und zum Kochen bringen, vom Herd nehmen und Frischkäse sowie Parmesan einrühren, bis sie schmelzen. Mit Salz und Pfeffer würzen und warm halten.

Die Ravioli in kochendem Salzwasser 3 Minuten lang garen. Mit einem Schaumlöffel herausheben und auf Küchenpapier abtropfen lassen. Die heißen Ravioli auf Teller verteilen und mit der Sauce begießen. Mit gehobeltem Parmesan, Haselnüssen und Rucola bestreut servieren.

# Tarte Tatin aus Möhren und Thymian

**Vorbereitungszeit: 20 Minuten • Zubereitungszeit: 1 Stunde 15 Minuten**

## Zutaten für 4 Personen

1 Bund Möhren
70 g Butter
80 g Kristallzucker
4 Zweige Thymian
2 EL Senfsamen
Butter für die Form
2 Packungen
fertigen Mürbeteig
Salz, Pfeffer aus der Mühle

Den Backofen auf 230 °C vorheizen.

Die Möhren putzen, schälen und der Länge nach halbieren. In eine große Pfanne legen, mit Wasser bedecken und salzen. Abgedeckt bei mittlerer Hitze 15 Minuten köcheln lassen. Sobald die Möhren zart geworden sind, abtropfen lassen.

Butter und Zucker in einem Bräter zerlassen. Die Möhren und den Thymian zufügen und mit Salz und Pfeffer würzen. Abgedeckt bei schwacher Hitze 15 Minuten karamellisieren lassen, dann den Deckel abnehmen und weitere 15 Minuten köcheln.

Eine rechteckige, ofenfeste Form einfetten und auf ein Backblech stellen. Senfsamen auf den Boden der Form streuen. Dann die Möhren und den Thymian gleichmäßig darauf verteilen. Schließlich das Karamell aus dem Bräter darüber gießen.

Den Mürbeteig ausrollen und die Möhren in der Form damit abdecken. Dabei den Teigrand in der Form nach unten drücken. Den Teigdeckel mit einer Gabel mehrmals einstechen. Die Tarte für 30 Minuten in den Ofen schieben.

Die Tarte aus dem Ofen holen, umgehend auf einen Gitterrost oder eine Servierplatte stürzen und noch warm servieren.

# Blumenkohl-Taboulé

**Zubereitungszeit: 15 Minuten**

## Zutaten
## für 4 Personen

1 Blumenkohl
20 Radieschen
1 dunkle Tafeltraube
1 helle Tafeltraube
50 g Cranberries, getrocknet
50 g Pecannüsse

## Für die Vinaigrette

4 EL Olivenöl
1 EL Apfelessig
Saft von 1 Bio-Zitrone
Salz, Pfeffer aus der Mühle

Den Blumenkohl putzen, holzige Stiele entfernen, die Blumenkohlröschen herauslösen und mit den zarten Stielen fein hacken oder in einer Küchenmaschine fein raspeln, bis eine Art unregelmäßiger Gries entsteht.

Die Radieschen putzen, waschen und entstielen. Mit einem Gemüsehobel in feine Scheiben schneiden.

Die Trauben waschen, Traube für Traube ablösen, halbieren und die Kerne entfernen.

Den Blumenkohl-Gries, die Weintrauben und die Radieschen in eine Salatschüssel geben. Dann noch die Cranberries und die Pecannüsse zufügen.

Olivenöl, Essig und den Zitronensaft in einer Schale gut vermischen und mit Salz und Pfeffer würzen. Diese Vinaigrette über den Salat gießen und gut mischen. Den Salat bis zum Servieren im Kühlschrank aufbewahren.

# Gegrillter Blumenkohl mit Kräutergrieß

**Vorbereitungszeit: 20 Minuten • Zubereitungszeit: 30 Minuten**

## Zutaten für 4 Personen

4 kleine Blumenkohle
10 Stängel Koriander
10 Stängel glatte Petersilie
2 Knoblauchzehen
50 g Pinienkerne
100 ml Olivenöl
+ 2 EL Olivenöl
4 EL geräuchertes Paprikapulver
300 g Weizengrieß
3 Zweige Thymian
Salz, Pfeffer aus der Mühle

Den Backofen auf 240 °C vorheizen

Blumenkohle waschen und die Blätter entfernen. Kräuter waschen und hacken. Knoblauch schälen.

Die Pinienkerne in einer beschichteten Pfanne bei schwacher Hitze 3–4 Minuten rösten.

Blumenkohl in einem Topf mit kochendem Wasser etwa 10 Minuten garen, abgedeckt noch kurz beiseitestellen und dann abgießen.

In einer Schale 100 ml Olivenöl mit Paprikapulver, Salz und Pfeffer verrühren. Die Kohlköpfe auf ein mit Backpapier ausgelegtes Backblech legen, mit dem Paprika-Öl einpinseln, in den Ofen schieben und 20 Minuten backen, bis der Kohl schön gebräunt ist.

Inzwischen den Grieß in eine Schüssel geben. Etwa 350 ml Wasser in einem Topf mit den Knoblauchzehen und dem Thymian zum Kochen bringen. Den Topf vom Herd nehmen, sobald der Knoblauch nach 3–5 Minuten gar ist, und das Wasser über den Grieß gießen. Dann abgedeckt 5–10 Minuten quellen lassen. Anschließend 2 Esslöffel Olivenöl zufügen und den Grieß mit einer Gabel auflockern. Mit Salz und Pfeffer abschmecken und mit Kräutern und den gerösteten Pinienkernen bestreuen.

Den Blumenkohl aus dem Ofen holen. (Er sollte jetzt so weich sein, dass man ihn mit einem Löffel essen kann.) Mit dem Kräutergrieß zusammen servieren.

# Feine Polentatorte
## mit Waldpilzen

**Vorbereitungszeit: 20 Minuten • Zubereitungszeit: 25 Minuten**

### Zutaten
### für 4 Personen

80 g Polenta
400 g verschiedene Waldpilze
(z.B. Butterpilze, Pfifferlinge,
Seitlinge)
50 g Mascarpone
80 g Parmesan, frisch gerieben

1 Knoblauchzehe
¼ Bund Petersilie
3 Zweige Thymian
500 ml Gemüsebrühe (bio)
30 g Butter
2 EL Nussöl
Salz, Pfeffer aus der Mühle

Den Backofen auf 200 °C vorheizen. Pilze putzen, säubern und trocken tupfen. Den Knoblauch schälen und hacken. Petersilie waschen und fein hacken. Thymian waschen und die Blätter abzupfen.

Zunächst 1 Esslöffel Nussöl in einer Pfanne erhitzen und dann die Pilze mit dem Knoblauch darin anbraten, bis das ganze Wasser verdunstet ist. Petersilie und Thymianblätter zufügen und alles mit Salz und Pfeffer würzen.

Die Gemüsebrühe in einem Topf aufkochen lassen, die Polenta einrühren und 5 Minuten unter ständigem Rühren weiter kochen lassen. Den Topf von der Herdplatte nehmen und den Parmesan sowie die Butter unterrrühren.

Die Polenta auf einem mit Backpapier ausgelegten Backblech verteilen (in Form eines Rechtecks oder eines Kreises). Im Ofen zuerst 10 Minuten auf der unteren Schiene backen, dann für weitere 5 Minuten auf der oberen Schiene.

Nun das Backblech mit der Polenta kurz aus dem Ofen holen und Mascarpone sowie die Pilze auf der Polenta verteilen. Noch einmal im Ofen auf der oberen Schiene 5 Minuten backen. Die feine Polentatorte mit dem Rest des Nussöls begießen und sofort servieren.

# Dinkel-Risotto mit Erbsen

**Vorbereitungszeit: 20 Minuten • Zubereitungszeit: 30–40 Minuten • Einweichzeit: 1 Nacht**

## Zutaten für 4 Personen

350 g Dinkelreis
100 g frische Erbsen, enthülst
1 Zwiebel
75 g alten Pecorino, frisch gerieben
+ Bröckchen zum Servieren
Schale und Saft
von ½ Bio-Limone
1 Handvoll Portulak
1 Handvoll Erbsensprossen
1 l Gemüsebrühe (bio)
250 ml trockenen Weißwein
1 EL Crème fraîche
3 EL Olivenöl
Salz, Pfeffer aus der Mühle

Am Vortag den Dinkelreis waschen und über Nacht in einem Behälter mit kaltem Wasser quellen lassen (dadurch verkürzt sich die Kochzeit).

Am nächsten Tag den Dinkelreis spülen und abtropfen lassen. Die Erbsen in einem Topf mit kochendem Wasser 7 Minuten blanchieren, abtropfen lassen und beiseitestellen.

Zwiebel schälen und fein hacken. Olivenöl in einem Bräter erhitzen und die Zwiebeln darin 4–5 Minuten bei schwacher Hitze anschwitzen. Nun den Dinkelreis unterrühren, dann den Weißwein einrühren. Bei mittlerer Hitze köcheln lassen, bis die Flüssigkeit vollständig aufgesaugt worden ist. Anschließend mit dem Schöpflöffel nach und nach heiße Gemüsebrühe zufügen. Alles 30–40 Minuten bei mittlerer Hitze köcheln, bis die Brühe vollständig aufgesaugt worden ist.

Den Portulak und die Erbsensprossen waschen.

Den Dinkelreis vom Herd nehmen. Limonensaft, Limonenschale, Erbsen (einige Erbsen zum Dekorieren zurückbehalten) und Pecorino zufügen, mit Salz und Pfeffer würzen und die Crème fraîche unterheben. Alles gut umrühren.

Das Risotto schön warm und bestreut mit Pecorinobröckchen, Portulak, Erbsensprossen und Erbsen servieren.

# Falafel aus Feuerbohnen mit Taboulé Libanais

**Vorbereitungszeit: 20 Minuten • Zubereitungszeit: 1 Stunde (Bohnen) + 10 Minuten (Falafel) • Einweichzeit: 1 Nacht**

## Zutaten für 4 Personen

### Für die Falafel

500 g Feuerbohnen
1 Knoblauchzehe
1 Zwiebel
½ Bund Koriander
1 EL Kreuzkümmelpulver
1 EL Paprikapulver
100 g Semmelbrösel
Sonnenblumenöl
Salz, Pfeffer aus der Mühle

### Für den Taboulé-Salat

1 Bund glatte Petersilie
1 Bund Minze
2 Tomaten
5 neue Zwiebeln
Saft von 1 Bio-Zitrone
2 EL Olivenöl
Salz, Pfeffer aus der Mühle

### Außerdem

1 Standmixer

Am Vortag die Feuerbohnen waschen und über Nacht in einem Behälter mit kaltem Wasser quellen lassen.

Am nächsten Tag die Bohnen in einem Topf mit kaltem Wasser (dreimal mehr Wasser als Bohnen) etwa 1 Stunde kochen lassen. Dann das Wasser abgießen und abkühlen lassen.

Die Knoblauchzehe schälen. Zwiebel schälen und vierteln. Koriander waschen und die Blätter abzupfen. Alles in den Standmixer füllen und die Feuerbohnen dazugeben. Vorsichtig, das heißt ganz kurz, mixen, denn alles soll noch körnig bleiben. Kreuzkümmel- und Paprikapulver zufügen und mit Salz und Pfeffer würzen.

Aus dieser Masse nun mit den Händen feste Bouletten formen (Durchmesser 5 cm) und in den Semmelbröseln wälzen. Dann in den Kühlschrank stellen, damit sie fest werden.

Die Bouletten in einer Pfanne mit heißem Sonnenblumenöl 10 Minuten von allen Seiten goldbraun anbraten.

Inzwischen für den Taboulé-Salat Petersilie und Minze waschen, die Blätter abzupfen und klein hacken. Die Tomaten waschen und in kleine Würfel schneiden. Die Zwiebeln schälen und ganz fein hacken. Tomatenwürfel, Zwiebeln und die gehackten Kräuter in eine Salatschüssel geben. Zitronensaft, Olivenöl, Salz und Pfeffer zufügen und alles gut mischen.

Die Falafel noch schön warm mit dem Taboulé-Salat servieren. Dazu passt Pita-Brot mit Hummus.

# Dal aus grünen Erbsen mit gelbem Curry

**Vorbereitungszeit: 15 Minuten • Zubereitungszeit: 15 Minuten (Erbsen) + 40 Minuten (Dal)**

## Zutaten
## für 4 Personen

10 Kaffirlimettenblätter
1 Stück frischer Ingwer
(5 cm)
1 Knoblauchzehe
1 Zwiebel
4 Stängel Minze
1 l Gemüsebrühe (bio)
500 g grüne Schälerbsen
1 EL Olivenöl
1–2 EL gelbes Currypulver
100 ml Kokosnussmilch
Salz, Pfeffer aus der Mühle

Die Kaffirlimettenblätter in feine Streifen schneiden. Den Ingwer schälen und raspeln. Die Knoblauchzehe schälen und hacken. Die Zwiebel schälen und fein hacken. Die Minze waschen und die Blätter abzupfen.

Die Gemüsebrühe in einem Topf zum Kochen bringen. Die Schälerbsen hineingeben, 15 Minuten mitkochen und dann abgießen.

Olivenöl in einem Schmortopf erhitzen und die Zwiebel mit dem Knoblauch darin 2 Minuten anschwitzen. Das Curry einstreuen und weitere 5 Minuten köcheln lassen.

Nun die Schälerbsen in den Schmortopf geben, die Kokosnussmilch zugießen und die Kaffirlimettenblätter einstreuen. Mit Salz und Pfeffer würzen. Alles zum Kochen bringen, dann bei geringer Hitze 40 Minuten köcheln lassen; ab und zu umrühren. Mit Salz und Pfeffer abschmecken und mit Minzeblättern bestreut servieren.

Reste vom Chia-Teig können, in Frischhaltefolie eingewickelt, im Kühlschrank aufbewahrt werden und eignen sich perfekt für Mürbegebäck.

# Tomaten-Quiche mit Chiasamen

**Vorbereitungszeit: 25 Minuten • Ruhezeit: 1 Stunde • Zubereitungszeit: 30 Minuten**

## Zutaten für 4 Personen
300 g verschiedenfarbige Kirschtomaten
1 Bund Basilikum
30 g Mandeln
250 ml Milch
250 ml süße Sahne
2 Eier + 2 Eigelbe
150 g frischer Ziegenkäse

1 Prise Chilipulver
(z.B. Espelette-Pfeffer)
Salz, Pfeffer aus der Mühle

## Für den Teig
250 g Mehl
5 EL Chiasamen
125 g gesalzene Butter
1 Prise Salz
1 Eigelb

Für den Teig das Mehl, die Chiasamen und die zimmerwarme Butter (in Würfel geschnitten) in eine Schüssel füllen und mit den Fingern kneten, bis eine sandige Mischung entstanden ist. Dann Salz, Eigelb und 50 ml Wasser zufügen und zu einem glatten Teig verarbeiten. Den Teig zu einer Kugel formen, in Frischhaltefolie wickeln und 1 Stunde im Kühlschrank ruhen lassen.

Den Backofen auf 180 °C vorheizen.

Die Tomaten waschen. Das Basilikum waschen, die Blätter abzupfen und grob hacken. Die Mandeln ebenfalls grob hacken.

Nun in einer Schüssel die Milch mit der Sahne, den Eiern, den Eigelben und dem Ziegenkäse mischen. Basilikum und Chilipulver und einen Großteil der Mandeln zufügen. Mit Salz und Pfeffer würzen und gut mischen.

Den Teig auf einer bemehlten Arbeitsfläche ausrollen und dann in eine mit Butter und Mehl ausgekleidete Tarte-Form geben. An den Rändern hochdrücken. Die Kirschtomaten auf dem Teig verteilen. Dann die Sahne-Käse-Masse darüber gießen und die restlichen Mandeln darüber streuen. Die Quiche 30 Minuten im Ofen backen, bis ihre Oberfläche schön gebräunt ist.

# Mozzarella-Zucchini-Auflauf mit Parmesanstreusel

**Vorbereitungszeit: 20 Minuten • Zubereitungszeit: 20 Minuten**

## Zutaten
## für 4 Personen

4–5 Zucchini
400 g Mozzarella
½ Bund Basilikum
60 g Parmesan, frisch
gerieben
Olivenöl
Salz, Pfeffer aus der Mühle

## Für die Streusel

30 g Pinienkerne
70 g Semmelbrösel
20 g Parmesan, frisch
gerieben

Den Backofen auf 180 °C vorheizen.

Den Mozzarella abtropfen lassen und in Scheiben schneiden.

Die Zucchini waschen und in etwa 0,5 cm dicke Scheiben schneiden. In einer Pfanne mit 2 Esslöffeln Olivenöl etwa 5 Minuten braten, bis sie weich geworden sind.

Das Basilikum waschen und die Blätter abzupfen.

Für die Streusel die Pinienkerne hacken und in einer Schale mit den Semmelbröseln und dem Parmesan mischen.

Eine Auflaufform einfetten. Den Boden zuerst mit einer Schicht Zucchini, dann mit einer Schicht Mozzarella auslegen, etwas Basilikum, etwas Parmesan darüber streuen, dann mit Salz und Pfeffer würzen. Das Ganze noch zweimal wiederholen. Zum Abschluss die Streusel darüber geben und mit Olivenöl beträufeln. Den Auflauf 20 Minuten in den Ofen schieben, bis die Kruste schön braun geworden ist.

# Frittata
# mit Broccoli und Romanesco

**Vorbereitungszeit: 20 Minuten • Zubereitungszeit: 15 Minuten**

## Zutaten
## für 4 Personen

1 Broccoli
1 Romanesco
8 Eier
100 g harten Schafskäse
(z.B. Brebis Pyrénées)
30 g Pinienkerne
1 EL Kurkuma
3 EL Olivenöl
Salz, Pfeffer aus der Mühle

Broccoli und Romanesco waschen und die Röschen herauslösen. Getrennt in einem Topf mit kochendem Salzwasser 7 Minuten blanchieren und abtropfen lassen.

Die Pinienkerne in einer beschichteten Pfanne bei schwacher Hitze 3–4 Minuten rösten. Auf Küchenpapier beiseitelegen.

In einer Pfanne 1 Esslöffel Olivenöl erhitzen und die Broccoli- und Romanesco-Röschen 3–4 Minuten darin anbraten.

Den Käse reiben. Die Eier in einer Schüssel schlagen, Salz, Pfeffer, Kurkuma, den geriebenen Käse und den überwiegenden Teil der gerösteten Pinienkern unterrühren.

Das restliche Öl in einer großen Pfanne erhitzen und die Eiermischung hineingeben. Weiter köcheln jedoch nicht so weit, dass das Ei stockt. Rühren, damit die Masse insgesamt noch flüssig bleibt. Nun das Gemüse auf dem Ei verteilen. Die Pfanne vom Herd nehmen, noch bevor die Eier vollständig stocken. Die Frittata sollte noch saftig sein.

Die restlichen Pinienkerne über der Frittata verteilen. Sie kann warm oder kalt serviert werden.

# Auberginen mit Frischkäse und Granatapfel

**Vorbereitungszeit: 15 Minuten • Zubereitungszeit: 40–45 Minuten**

## Zutaten
## für 4 Personen

6 Zweige Minze
1 Knoblauchzehe
½ Granatapfel
2 große Auberginen
4 EL Olivenöl
1 TL geräuchertes Paprikapulver
Salz, Pfeffer aus der Mühle
400 g Frischkäse aus
Schafs- oder Ziegenmilch
(z.B. Brocciu oder Bousse)
Saft von ½ Bio-Zitrone

Den Backofen auf 200 °C vorheizen.

Die Minze waschen und die Blätter abzupfen. Die Knoblauchzehe schälen und grob hacken. Die Kerne aus dem Granatapfel herauslösen und den Saft auffangen.

Die Auberginen waschen und der Länge nach halbieren. Das Fleisch mehrfach mit der Spitze eines scharfen Messers einschneiden. Nebeneinander auf ein mit Backpapier ausgelegtes Backblech legen. Mit Olivenöl besprengen, mit Paprikapulver und Knoblauch bestreuen, mit Salz und Pfeffer würzen. In den Ofen schieben und 40–45 Minuten garen, bis das Auberginenfleisch schön zart geworden ist.

Währenddessen den gut abgetropften Käse in einer Schüssel mit dem Zitronen- und Granatapfelsaft, Salz, Pfeffer und dem größten Teil der Minzeblätter mischen.

Die Auberginen aus dem Ofen holen, mit der Käsefüllung garnieren, mit den Granatapfelkernen und der restlichen Minze bestreuen und sofort servieren.

*Einem Rezept von Yotam Ottolenghi nachempfunden.*

# Salat aus geräuchertem Tofu mit aromatisierten Möhren

**Vorbereitungszeit: 20 Minuten • Zubereitungszeit: 40 Minuten**

## Zutaten
## für 4 Personen

200 g geräucherter Tofu
1 Knoblauchzehe
4 Bund junge Möhren
4 EL Olivenöl
2 EL Agavensirup
1 EL Fünf-Gewürze-Pulver
1 EL Kreuzkümmel
Salz, Pfeffer aus der Mühle
200 g vorgegarter
Hartweizen (z.B. Ebly)

Den Ofen auf 200 °C vorheizen

Den Tofu in kleine Würfel schneiden. Die Knoblauchzehe schälen und hacken.

Die Möhren waschen und der Länge nach halbieren.

Das Olivenöl in einer Schale mit Agavensirup, Knoblauch, Fünf-Gewürze-Pulver und Kreuzkümmel mischen und mit Salz und Pfeffer würzen.

Die Möhren in eine feuerfeste Form legen, den größten Teil des Gewürzöls darüber gießen und gut mischen. In den Ofen schieben und 30 Minuten garen, bis die Möhren schön zart sind.

Währenddessen den Hartweizen in einem Topf mit kochendem Wasser entsprechend der Packungsanweisung zubereiten und abtropfen lassen.

Die Tofuwürfel mit dem Rest des Gewürzöls mischen und anschließend in einer heißen Pfanne knusprig braten.

Weizen, gebackene Möhren und Tofu in einer tiefen Form miteinander mischen. Alles mit Salz und Pfeffer abschmecken und noch warm servieren. Dazu passen Sprossensalate und Rucola.

# Variationen vom Salat aus geräuchertem Tofu

**- Herbstversion:** Statt Möhren werden Pastinaken, Topinambur oder Kohlrabi angebraten und mit Ahornsirup und Zimt verfeinert.

**- Frühlingsversion:** Verschiedene grüne Gemüsesorten mischen (z.B. grüne Bohnen, Erbsen und Saubohnen), in kochendem Salzwasser blanchieren, in heißer Butter leicht anbraten und den Salat mit gehackten Kräutern (z.B. Schnittlauch, Minze) garnieren.

**- Sommerversion:** Tomaten, Zucchini und Auberginen in Olivenöl rösten und etwas Essig dazugeben; die Vinaigrette statt der Gewürze mit frischen Kräutern wie Thymian und Rosmarin zubereiten.

Diese Varationen sind nur einige von vielen Möglichkeiten. Improvisieren Sie mit allem, was sie zuhause vorrätig haben und was die Jahreszeit hergibt.

# Grünkohl aus dem Wok mit Tofu und Curry

**Vorbereitungszeit: 15 Minuten • Zubereitungszeit: 10 Minuten**

## Zutaten für 4 Personen

1 Knoblauchzehe
1 Stück frischer Ingwer (3 cm)
200 g Grünkohl
200 g Tofu
50 g Cashewnüsse
4 EL Sojasauce
½ TL Sesamöl
4 EL Sonnenblumenöl
2 EL Currypulver
1 EL Piment, zerstoßen (nach Belieben)
1 Handvoll Alfalfa-Sprossen
Pfeffer aus der Mühle

Die Knoblauchzehe schälen und hacken. Ingwer schälen und reiben. Den Grünkohl gut waschen und die Blätter von den Rippen abstreifen. Blätter mit zarten Rippen können mitverarbeitet werden. Die Rippen im Abstand von etwa 2 cm brechen.

Den Tofu abtropfen lassen und zerbröckeln. Die Cashewnüsse grob hacken.

In einer Schale die Sojasauce mit Sesamöl, 2 Esslöffeln Sonnenblumenöl, Knoblauch, Ingwer, Curry und Piment mischen.

Nun 1 Esslöffel Sonnenblumenöl im Wok erhitzen und den Tofu darin 5 Minuten unter ständigem Rühren anbraten. Anschließend auf einem Teller beiseitestellen.

Das restliche Sonnenblumenöl im Wok erhitzen und den Grünkohl 3 Minuten unter ständigem Rühren anbraten. Dann den Tofu wieder zufügen und die Sojasauce einrühren; alles zusammen 3 Minuten unter Rühren weiter braten.

Den Wok vom Herd nehmen, die Caschewnüsse unterrühren und das Gericht mit Alfalfa-Sprossen bestreut servieren.

# Butternusskürbis-Tajine mit Kichererbsen, Feigen und Seitan

**Vorbereitungszeit: 20 Minuten • Kochzeit: 45 Minuten • Einweichzeit: 1 Nacht**

## Zutaten
## für 4 Personen

200 g getrocknete Kicher-
erbsen
1 Zwiebel
2 Knoblauchzehen
½ Butternusskürbis
½ Bund Koriander
3 EL Olivenöl
1 TL Paprikapulver
1 TL Ingwerpulver
1 TL Zimt
8 Feigen (frisch
oder getrocknet)
2 EL Honig
1 marokkanische Salzzitrone
Salz, Pfeffer aus der Mühle
200 g Seitan
(aus dem Bioladen)

Die Kichererbsen am Vortag (12–24 Stunden) in reichlich kaltem Wasser einweichen.

Am nächsten Tag die Kichererbsen in ein Sieb geben und abtropfen lassen. Zwiebel schälen und in Scheiben schneiden. Knoblauch schälen und hacken. Den Kürbis schälen und in 2 cm große Würfel schneiden. Koriander waschen und klein schneiden.

In einer Schmorpfanne mit Olivenöl die Zwiebelscheiben 3–4 Minuten anbraten, bis sie glasig sind. Dann die Gewürze (Paprika, Ingwer, Zimt), Knoblauch, Kürbiswürfel, Kichererbsen und Feigen dazugeben. Alles unter Rühren einige Minuten anbraten. Nun den Honig und die Salzzitrone zufügen. Den Inhalt der Schmorpfanne mit Wasser bedecken. Mit Salz und Pfeffer würzen und zum Kochen bringen. Die Hitze reduzieren und zugedeckt 35 Minuten köcheln lassen. Nach 25 Minuten den Seitan, in Stückchen geschnitten, in die Schmorpfanne geben.

Alles mit Salz und Pfeffer abschmecken und noch heiß mit Koriander bestreut servieren.

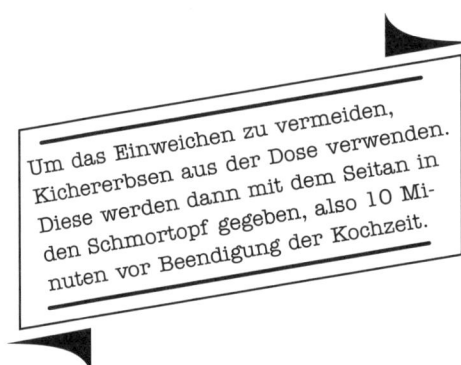

Um das Einweichen zu vermeiden, Kichererbsen aus der Dose verwenden. Diese werden dann mit dem Seitan in den Schmortopf gegeben, also 10 Minuten vor Beendigung der Kochzeit.

# Auberginensalat mit Honig, Limone und Mandel-Gremolata

**Vorbereitungszeit: 25 Minuten • Zubereitungszeit: 40 Minuten**

## Zutaten
## für 4 Personen

1 Aubergine
1 Bio-Limone
4 EL Olivenöl
2 EL flüssiger
Lindenblütenhonig
Salz, Pfeffer aus der Mühle
300 g Bulgur
50 g Hanfsamen

## Für die Gremolata

1 Bio-Limone
½ Bund glatte Petersilie
½ Bund Koriander
1 Knoblauchzehe
50 g geschälte Mandeln
Salz, Pfeffer aus der Mühle

Den Backofen auf 200 °C vorheizen.

Für die Gremolata die Schale einer Limone reiben und die Frucht dann auspressen. Petersilie und Koriander waschen und hacken. Den Knoblauch schälen und zerdrücken. Die gehackten Kräuter, Mandeln, Knoblauch, den Limonensaft und die geriebene Limonenschale in einen Mixer geben und vorsichtig häckseln. Mit Salz und Pfeffer würzen und beiseitestellen.

Die Aubergine waschen, in mittelgroße Würfel schneiden und in eine ofenfeste Form geben.

Den Saft der Limone auspressen, in einer Schale mit Olivenöl und Honig verrühren und über die Auberginenwürfel geben. Mit Salz und Pfeffer würzen und gut mischen. Für 20–30 Minuten in den Ofen schieben. Ab und zu umrühren, bis die Auberginenwürfel schön weich und karamellisiert sind.

In der Zwischenzeit den Bulgur gemäß Packungsangabe in reichlich kochendem Salzwasser garen.

Den Bulgur abtropfen lassen, in eine Schüssel geben und die Auberginenwürfel mitsamt der Kochflüssigkeit sowie die Hanfsamen zufügen und mischen. Noch warm mit der Gremolata servieren.

# Käsekuchen mit Himbeeren

**Vorbereitungszeit: 25 Minuten •**
**Zubereitungszeit: 45 Minuten • Ruhezeit: 1 Nacht**

### Zutaten für 6–8 Personen

200 g Himbeeren
600 g Frischkäse
(z.B. Philadelphia)
3 Eier
150 ml süße Sahne
150 g Kristallzucker
100 g rote Johannisbeeren

### Für den Biskuitboden

170 g Spekulatius
50 g Haferflocken

90 g leicht gesalzene Butter,
zimmerwarm
Butter für die Backform

### Für das Püree
### aus roten Beeren

250 g Himbeeren
oder gemischte rote Beeren
2 EL Honig
Himbeeren und Johannisbeeren
zum Dekorieren

Zunächst den Backofen auf 160 °C vorheizen. Für den Biskuitboden die Spekulatius mit einem Mixer zu Mehl verarbeiten und mit den Haferflocken mischen. Die Butter im Wasserbad oder in der Mikrowelle zerlassen und in die Spekulatius-Haferflocken-Mischung einrühren, bis eine homogene Masse entsteht. Den Biskuitteig anschließend auf dem Boden einer eingefetteten und mit Backpapier ausgelegten Springform verteilen und mit den Fingern festdrücken. Im Kühlschrank beiseitestellen.

Die Himbeeren vorsichtig waschen und trocken tupfen. Mit einer Gabel Frischkäse und Zucker in einer Schüssel verrühren. Dann ein Ei nach dem anderen unterrühren, anschließend die Sahne und ganz vorsichtig die Himbeeren einrühren. Diese Käsecreme auf dem gekühlten Biskuitboden verteilen.

In den Ofen schieben und 45 Minuten backen. Zum Ende der Backzeit wird der Käsekuchen in der Mitte noch etwas wacklig sein. Stellen Sie ihn daher über Nacht in den Kühlschrank.

Für das Beerenpüree am folgenden Tag die Beeren vorsichtig spülen und mit dem Honig in einen Topf geben. Die Beeren bei mittlerer Hitze erwärmen, mit einer Gabel zerdrücken und 5 Minuten köcheln lassen. Abgekühlt bis zum Servieren im Kühlschrank aufbewahren. Vor dem Servieren den Käsekuchen mit ganzen Himbeeren und Johannisbeeren dekorieren und mit dem Beerenpüree übergießen.

Den Käsekuchen können Sie bis zu 72 Stunden im Kühlschrank aufbewahren: Er wird dadurch sogar noch leckerer!

# Süßer Couscous mit Erdbeeren und Rhabarber

**Vorbereitungszeit: 15 Minuten • Zubereitungszeit: etwa 30 Minuten**

## Zutaten
## für 4 Personen

250 g Erdbeeren
1 Vanilleschote
1 Bio-Zitrone
300 g Rhabarber
150 g Rohrzucker
300 g Hirse
10 g Agavensirup

Die Erdbeeren putzen, waschen, Blüten und Stielen entfernen und halbieren. Rhabarber waschen und schälen und in 3–5 cm lange Stücke schneiden.

Die Vanilleschote der Länge nach aufschlitzen und das Vanillemark mit einer Messerklinge herausschaben.

Die Schale der Zitrone abreiben und ihren Saft auspressen.

Einige der schönsten Erdbeeren halbieren und für die Dekoration beiseitelegen. Die restlichen Erdbeeren mit dem Rhabarber, Rohrzucker, Vanillemark und Zitronensaft in einem Topf bei mittlerer Hitze 10–15 Minuten einkochen. Dann beiseitestellen und abkühlen lassen.

Die Hirse mit klarem Wasser spülen, gut abtropfen lassen und dann in einem erwärmten Topf 5 Minuten trocknen lassen. Mit der 2- bis 3-fachen Menge Wasser bedecken und 4 EL Agavensirup sowie die Vanilleschote zufügen. Alles abgedeckt 15–20 Minuten bei mittlerer Hitze köcheln lassen. Die Hirse anschließend erneut abtropfen lassen und kühl stellen.

Die Hirse auf vier Schälchen verteilen. Den restlichen Ahornsirup und das Erdbeer-Rhabarber-Kompott darüber geben, mit den halbierten Erdbeeren dekorieren und mit der geriebenen Zitronenschale bestreut servieren.

# Marmorierter Tahin-Brownie

**Vorbereitungszeit: 20 Minuten • Kochzeit: 45 Minuten**

## Zutaten
## für 6 Personen

160 g dunkle Schokolade
(mind. 50 % Kakaoanteil)
100 g Butter
160 g Kristallzucker
3 Eier
120 g Mehl
½ TL Backpulver
1 Prise Salz
230 g Tahin (Sesammus)
Butter für die Form

Den Backofen auf 160 °C vorheizen.

Die Schokolade fein hacken und in einer Schüssel mit der Butter im Wasserbad schmelzen. Die Schüssel aus dem Wasserbad nehmen, Zucker und Eier zufügen und alles gründlich schlagen.

In einer zweiten Schüssel das Mehl zunächst mit Backpulver und Salz vermengen und anschließend in die Schüssel mit der Schokolade füllen. Alles zu einem geschmeidigen Teig verrühren.

Eine rechteckige, ofenfeste Form (22 cm) einfetten und mit Backpapier auslegen. Den Teig in die Form füllen und glatt streichen. Im Abstand von jeweils 3 cm esslöffelweise das Tahin auf den Teig setzen. Auf die Ränder der Form klopfen, damit der Teig wieder eine glatte Fläche bildet. Für die Marmorierung mit Hilfe eines Messers mit einem Wellenschliff einmal in der Horizontalen Zickzacklinien auf der Oberfläche beschreiben und dann in der Vertikalen.

Den Brownie in den Ofen schieben und 45 Minuten backen. Vor dem Servieren abkühlen lassen.

# Ein Brownie, drei Varianten!

**– Brownie mit weißer Schokolade und Mandeln:** Die dunkle Schokolade durch weiße Schokolade und Tahin durch selbstgemachtes Mandelmus (siehe Rezept Seite 30) ersetzen; nur 70 g Butter und 60 g Zucker verwenden.

**– Brownie mit Vollmilchschokolade und Haselnüssen:** Die dunkle Schokolade durch Vollmilchschokolade und Tahin durch selbstgemachtes Haselnussmus (siehe Rezept Seite 30) ersetzen; außerdem 80 g Zucker verwenden.

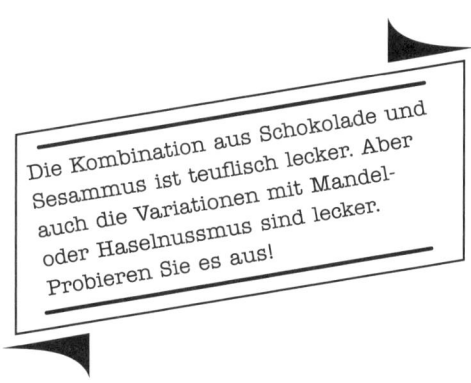

Die Kombination aus Schokolade und Sesammus ist teuflisch lecker. Aber auch die Variationen mit Mandel- oder Haselnussmus sind lecker. Probieren Sie es aus!

# Karamellisierte Äpfel mit Pistazienstreusel

**Vorbereitungszeit: 15 Minuten • Backzeit: 40 Minuten**

### Zutaten für 4 Personen

8 kleine Äpfel
oder 4 mittelgroße Äpfel
4 TL Honig
4 TL Rum
20 g Butter

### Für die Streusel

100 g Mehl
25 g gehackte Pistazien
50 g Butter, zimmerwarm
50 g Rohrzucker

Den Backofen auf 200 °C vorheizen.

Für die Streusel in einer Schüssel das Mehl mit Pistazien, Butter in Stückchen und dem Rohrzucker vermischen. Alles mit den Fingern zu einem Streuselteig verkneten. Anschließend gleichmäßig auf einem mit Backpapier ausgelegten Backblech verteilen. Nun für 10 Minuten in den Ofen schieben, bis die Streusel beginnen braun zu werden. Das Blech aus dem Ofen nehmen (den Ofen jedoch anlassen).

Die Äpfel waschen, die Deckel abschneiden und mit einem Apfelausstecher die Kerngehäuse entfernen. In jeden Apfel ½ bzw. 1 Teelöffel Honig, ½ bzw. 1 Teelöffel Rum und etwas Butter geben und die Apfel-Deckel wieder auflegen. In den Ofen schieben und 30 Minuten backen.

Sobald die Äpfel aus dem Ofen kommen, mit den Streuseln bestreuen. Vor dem Servieren abkühlen lassen.

# Erdbeertörtchen mit Pistazien

**Vorbereitungszeit: 35 Minuten • Ruhezeit: 1 Stunde • Zubereitungszeit: 20–30 Minuten**

## Zutaten für 4 Törtchen

### Für den Teig

60 g Butter, zimmerwarm
55 g Puderzucker
1 Ei
155 g Mehl
20 g gemahlene Mandeln
1 Prise Salz

### Für die Füllung und Dekoration

20 schöne Erdbeeren
10–12 Minzeblätter
2 EL Pistazien
100 g Mascarpone
200 ml süße Sahne, gekühlt
4 EL Puderzucker
50 g Pistazienmark

### Außerdem

Tartelette-Förmchen
Fett für die Förmchen

Den Backofen auf 180 °C vorheizen.

Für den Teig in einer Schüssel zunächst die Butter in Stückchen mit dem Puderzucker verrühren. Das Ei zufügen und unterrühren. Nun das Mehl, die gemahlenen Mandeln und das Salz einstreuen; alles solange rühren, bis ein homogener Teig entstanden ist. Zu einer Kugel formen und 1 Stunde abgedeckt kaltstellen.

Dann den Teig portionsweise zwischen zwei aufgeschnittenen Gefrierbeuteln in Größe der Tartelette-Förmchen (12 cm Ø) ausrollen. Die gefetteten Förmchen damit auskleiden, Teig an den Rändern hochdrücken und die Teigböden mehrmals mit einer Gabel einstechen. Die Tartelettes in den Ofen schieben und 20–30 Minuten backen.

Währenddessen die Erdbeeren putzen, waschen, Blüten und Stiele entfernen und halbieren. Die Minzeblätter waschen. Die Pistazien zerkleinern.

Für die Pistaziencreme den Mascarpone mit einer Gabel in einer kleinen Schüssel locker aufschlagen. Die süße Sahne zugießen bis alles gut vermischt ist. Den Puderzucker und das Pistazienmark unterrühren und weiter schlagen, bis eine sahnige Creme entstanden ist.

Die Tortenböden auskühlen lassen, sobald sie fertig gebacken sind und vorsichtig aus den Förmchen drücken. Anschließend mit der Pistaziencreme bestreichen. Die Erdbeeren hübsch auf der Creme arrangieren und mit den Minzeblättern dekorieren. Pistazien darüber streuen – fertig ist der Genuss!

# Matcha-Panna cotta mit Passionsfrucht

**Vorbereitungszeit: 10 Minuten • Ruhezeit: 2 Stunden • Zubereitungszeit: 5 Minute**

## Zutaten für 4 Personen

1 Vanilleschote
400 ml süße Sahne
30 g Kristallzucker
2 g Agar-Agar
1 EL Matcha
(gemahlener Güntee)

## Für das Püree

5 Passionsfrüchte
2 EL Kristallzucker

Die Vanilleschote der Länge nach aufschlitzen und das Vanillemark mit einer Messerklinge herausschaben.

Die süße Sahne mit dem Zucker, Agar-Agar und dem Vanillemark in einem kleinen Topf erhitzen, bis alles zu kochen beginnt. Den Topf vom Herd nehmen, Matcha zufügen und umrühren.

Die Masse auf vier Glasschälchen verteilen und 2 Stunden im Kühlschrank ruhen lassen.

In der Zwischenzeit das Püree zubereiten: Dazu die Passionsfrüchte halbieren und mit einem kleinen Löffel das Fruchtfleisch mitsamt dem Saft auslösen. Alles in einem kleinen Topf mit Zucker mischen und 5 Minuten kochen. Abkühlen lassen und dann im Kühlschrank beiseitestellen.

Die fertige Panna cotta mit dem Passionsfrucht-Püree servieren.

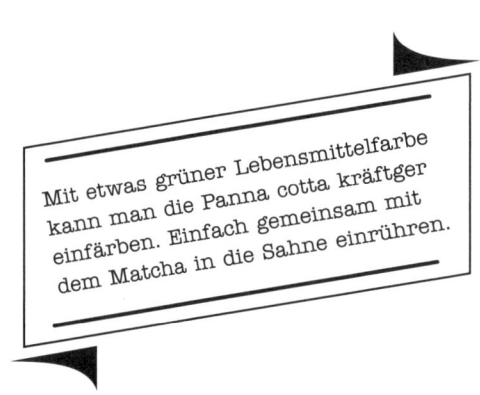

Mit etwas grüner Lebensmittelfarbe kann man die Panna cotta kräftger einfärben. Einfach gemeinsam mit dem Matcha in die Sahne einrühren.

# Saftige Muffins mit Cranberries und Chia

**Vorbereitungszeit: 20 Minuten • Backzeit: 25-30 Minuten**

## Zutaten für 12 Muffins

200 g frische Cranberries
4 Eier
85 g Butter
175 g Rohrzucker
150 g Mehl
50 g geriebene Haselnüsse
1 Pck. Backpulver
1 Prise Salz
100 ml Mandelmilch
50 g Chiasamen

## Außerdem

1 Muffinblech mit 12 Mulden
12 Papierförmchen

Den Backofen auf 180 °C vorheizen. Die Papierförmchen in die Mulden des Muffinblechs setzen.

Die Cranberries waschen und trocken tupfen.

Eigelbe und Eiweiße trennen. Das Eiweiß kalt stellen. Die Butter in einem Topf vorsichtig zerlassen.

Die Eigelbe mit dem Rohrzucker in einer Schüssel schaumig schlagen. Anschließend die zerlassene Butter unterrühren.

In einer zweiten Schüssel das Mehl mit den geriebenen Haselnüssen, dem Backpulver und Salz vermischen. Diese Mischung nun nach und nach gründlich unter das geschlagene Eigelb rühren. Anschließend die Mandelmilch, die Chiasamen und die Cranberries unterheben.

Das Eiweiß steif schlagen und dann ebenfalls ganz vorsichtig mit einem Spatel unter den Muffinteig heben.

Den Teig nun gleichmäßig auf die 12 Papierförmchen im Muffinblech verteilen und in den Ofen schieben. Die Muffins anschließend 25–30 Minuten backen.

# Dank

Ein großer Dank geht an Virginie für ihr Talent und dafür, dass sie immer gute Laune hat; dieses Buch hat zu unserer wunderbaren Begegnung geführt.

Vielen Dank an Ayumi für seine wertvolle Hilfe und an Aurélie für ihre Zuversicht.

Außerdem möchte ich mich bei den Leuten von www.lovecreativepeople.com für die schönen Küchenutensilien bedanken und besonders für das hübsche Wandregal WALL RACK von Nkuku aus weißem Draht.

# Mengenangaben

## Flüssigkeiten

| metrisches System | amerikanisches System | andere Schreibweise |
|---|---|---|
| 5 ml | 1 Teelöffel (französischer Kaffeelöffel) | |
| 15 ml | 1 Esslöffel (französischer Suppenlöffel) | |
| 35 ml | 1/8 Tasse | 1 oz (oder once) |
| 65 ml | 1/4 Tasse | 2 oz |
| 125 ml | 1/2 Tasse | 4 oz |
| 250 ml | 1 Tasse | 8 oz |
| 500 ml | 2 Tassen | |
| 1 Liter | 4 Tassen | |

## Gewichtseinheiten

| metrisches System | amerikanisches System | andere Schreibweise |
|---|---|---|
| 30 g | 1/8 oz | |
| 55 g | 1/8 lbs | 2 oz |
| 115 g | 1/4 lbs | 4 oz |
| 170 g | 3/8 lbs | 6 oz |
| 225 g | 1/2 lbs | 8 oz |
| 454 g | 1 Pfund | 16 oz |

## Temperaturen

| Wärme | ° Celsius | Thermostat | ° Fahrenheit |
|---|---|---|---|
| Sehr gering | 70 °C | 2–3 | 150 °F |
| Gering | 100 °C | 3–4 | 200 °F |
| | 120 °C | 4 | 250 °F |
| Mittel | 150 °C | 5 | 300 °F |
| | 180 °C | 6 | 350 °F |
| Heiß | 200 °C | 6–7 | 400 °F |
| | 230 °C | 7–8 | 450 °F |
| Sehr heiß | 260 °C | 8–9 | 500 °F |

© Mango, Paris – 2015
Originaltitel: Ma cuisine veggie.
Guide d`apprentissage des courses à la recette
ISBN: 978-23-17005-90-9

Verlagsleiterin: Anne la Fay
Redakteurin: Aurélie Cazenave
Art Direction: Julie Mathieu
Satz: Elfried Werner
Lektorat-Korrektorat: Armelle Heron
Herstellung: Thierry Dubus, Marie Guibert

© der deutschen Ausgabe: h.f.ullmann publishing GmbH
Übersetzung aus dem Französischen: Janette Schroeder
Lektorat und Satz: wortundart, Berlin

Gesamtherstellung: h.f.ullmann publishing GmbH, Potsdam

Printed in Germany, 2016

ISBN 978-3-8480-0992-3

10 9 8 7 6 5 4 3 2 1
X IX VIII VII VI V IV III II I

www.ullmannmedien.com
info@ullmannmedien.com
facebook.com/ullmannmedien
twitter.com/ullmannmedien